Maria Johanna Bartels

Gewandeltes Leben - Jesus begegnen

Maria Johanna Bartels

Gewandeltes Leben - Jesus begegnen

Biblische Perikopen erleben

Fromm Verlag

Impressum / Imprint
Bibliografische Information der Deutschen Nationalbibliothek: Die Deutsche Nationalbibliothek verzeichnet diese Publikation in der Deutschen Nationalbibliografie; detaillierte bibliografische Daten sind im Internet über http://dnb.d-nb.de abrufbar.
Alle in diesem Buch genannten Marken und Produktnamen unterliegen warenzeichen-, marken- oder patentrechtlichem Schutz bzw. sind Warenzeichen oder eingetragene Warenzeichen der jeweiligen Inhaber. Die Wiedergabe von Marken, Produktnamen, Gebrauchsnamen, Handelsnamen, Warenbezeichnungen u.s.w. in diesem Werk berechtigt auch ohne besondere Kennzeichnung nicht zu der Annahme, dass solche Namen im Sinne der Warenzeichen- und Markenschutzgesetzgebung als frei zu betrachten wären und daher von jedermann benutzt werden dürften.

Bibliographic information published by the Deutsche Nationalbibliothek: The Deutsche Nationalbibliothek lists this publication in the Deutsche Nationalbibliografie; detailed bibliographic data are available in the Internet at http://dnb.d-nb.de.
Any brand names and product names mentioned in this book are subject to trademark, brand or patent protection and are trademarks or registered trademarks of their respective holders. The use of brand names, product names, common names, trade names, product descriptions etc. even without a particular marking in this work is in no way to be construed to mean that such names may be regarded as unrestricted in respect of trademark and brand protection legislation and could thus be used by anyone.

Coverbild / Cover image: www.ingimage.com

Verlag / Publisher:
Fromm Verlag
ist ein Imprint der / is a trademark of
OmniScriptum GmbH & Co. KG
Heinrich-Böcking-Str. 6-8, 66121 Saarbrücken, Deutschland / Germany
Email: info@frommverlag.de

Herstellung: siehe letzte Seite /
Printed at: see last page
ISBN: 978-3-8416-0590-0

Copyright © 2015 OmniScriptum GmbH & Co. KG
Alle Rechte vorbehalten. / All rights reserved. Saarbrücken 2015

Maria Johanna Bartels

Gewandeltes Leben

Jesus begegnen

Biblische Perikopen erleben.

Für meine Töchter
Katharina, Juliane und Johanna.
Ihr habt mir immer nur Freude bereitet!

Inhalt

1. Eine Freundschaft fürs Leben. (Lk 5,1-11) — 5
2. Ein Mann überwindet seine Einsamkeit. (Lk 19,1-10) — 9
3. Die treue Liebe eines Vaters. (Lk 15,11-32) — 13
4. Ein junger Mann findet seinen Weg. (dito) — 16
5. Ein römischer Soldat glaubt an die Macht Gottes. (Lk 7,1-10) — 20
6. Geschichte einer großen Liebe - Maria aus Betanien
   - Kapitel I. - Vorgeschichte — 24
   - Kapitel II. - Zwei Schwestern (Lk 10,38-42) — 26
   - Kapitel III. - Liebe ist stärker als der Tod. (Joh 11,1-44) — 28
   - Kapitel IV. - Abschied heißt loslassen. (Joh 12,1-11) — 30
   - Kapitel V. - Ein schwerer Weg. — 32
7. Eine Frau sehnt sich nach Geborgenheit. (Joh 7,53 - 8,11) — 35
8. Eine Frau entdeckt die Liebe. (Lk 7,36-50) — 40
9. Eine Witwe trauert um ihren Sohn. (Lk 7,11-17) — 45
10. Einer Frau wird ein neues Leben geschenkt. (Lk 8,42 b-48) — 48
11. Die Tochter eines Vaters erwacht zu neuem Leben. (Lk 8, 40-56) — 51
12. Ein Mann findet in die Gemeinschaft zurück. (Lk 17,11-19) — 55

Eine Freundschaft fürs Leben.

Die Sonne ist aufgegangen und verheißt einen schönen Tag. Ihre Strahlen spiegeln sich im Wasser und blenden mich. Mein Bruder Andreas und ich ergreifen die Ruder und bringen unser Boot zurück ans Ufer. Das war mal wieder so eine Nacht, in der wir genauso gut hätten zu Hause bleiben können. Unser Netz blieb leer. Gestern Abend war ein starker Sturm aufgekommen und wir haben zunächst noch abgewartet, aber dann sind wir doch hinaus gerudert. Die Wellen peitschten gegen das Boot und selbst die Gischt war so stark, dass wir völlig durchnässt und mit aller Kraft gegen das Unwetter ankämpfen mussten. Erst bei Sonnenaufgang legte sich der Sturm. Erschöpft starteten wir einen Versuch, doch noch einen Fang einholen zu können. Zwischen ein paar dicken Steinen entdeckten wir einen Schwarm Fische. Mit wenig Hoffnung warfen wir das Netz aus, wohl wissend, dass die Tiere es durch das einbrechende Licht erkennen würden. Wir konnten sehen, wie sie davon flitzten. Ohne Erfolg mussten wir das Wurfnetz wieder einziehen. Zu allem Überfluss verfing es sich an den Steinen und zerriss. - Wie schwer und enttäuschend ist es doch manchmal ein Fischer zu sein. Mit einem Seufzer hole ich das Netz aus dem Boot und an Land breiten wir es aus, um den Schaden zu begutachten. Keine Fische, aber ein Netz, das instand gesetzt werden muss. Das hat mir gerade noch gefehlt. „Simon, mach dir doch nicht so viele Sorgen!" Andreas hat meine finstere Miene wahrgenommen. Er kennt mich eben sehr gut. - „Du hast gut reden. Du hast keine Frau und Kinder - nicht zu vergessen eine Schwiegermutter - die versorgt werden wollen. Die enttäuschten Gesichter sind das Schlimmste nach einer solchen Nacht." - „Wir haben doch noch das Fass mit den gesalzenen Fischen im Schuppen. Die können wir verkaufen." - „Ach, das reicht doch nicht. Du weißt selber, wie wenig man dafür bekommt. Die Leute auf dem Markt wollen nur frischen Fisch. Und von den Steuern, die die

Römer von uns verlangen, brauche ich erst gar nicht zu reden. Dieses Pack! Soll sie doch der Teufel holen!" Vor Zorn spüre ich, wie mein Pulsschlag in der Schläfe hämmert.

„Reg dich nicht so auf," versucht Andreas mich zu beruhigen. „Das hilft uns doch auch nicht weiter. - Weißt du noch, als wir bei Johannes am Jordan waren und er uns getauft hat? Johannes hat versprochen, dass bald der Messias kommen wird. Der wird unser Volk erretten und aus der Knechtschaft befreien." - „Mhmh. Dann werden die Mächtigen und die Unterdrücker gerichtet und wie Unkraut ins Feuer geworfen." Ja, ich erinnere mich an die starken Worte des Täufers. Ein kraftvoller Mann, voller Leidenschaft und Zuversicht. Wenn er doch recht behalten würde, wenn er nur erst da wäre, der Messias! In Gedanken versunken mache ich mich an die Arbeit das Netz zu flicken. Da kommen auch unsere Freunde, Jakobus und Johannes mit ihrem Vater Zebedäus, vom Fischfang zurück und ihre Mienen verraten, dass auch sie sich vergeblich abgemüht haben. Missmutig und erschöpft springen sie vom Boot und ziehen es an Land.

Mittlerweile haben sich viele Menschen am Ufer versammelt und es kommen immer mehr hinzu. Was die wohl hier wollen? Aus den Gesprächsfetzen, die ich mitbekomme, entnehme ich, dass sie auf den neuen Rabbi Jesus von Nazareth warten. Ich kenne ihn, er hat mal in unserer Synagoge in Kafarnaum gepredigt. Da kommt er gerade, dicht umringt von einer weiteren Schar Menschen, die sich in unsere Richtung hinbewegen. Da löst sich Jesus aus der Gruppe heraus und steigt in unser Boot. „Kannst du mich bitte ein Stück vom Ufer weg rudern. Dann können mich die Menschen besser hören und sehen." Bereitwillig kommen Andreas und ich seiner Bitte nach, und als wir die rechte Stelle gefunden haben, setzt sich Jesus hin und beginnt zu reden. Fasziniert lausche ich seinen Worten. Mit welcher Hingabe und Freude er vom Reich Gottes spricht! So bildhaft und nah! In mir steigt eine Sehnsucht auf: ja, das ist ein Leben, das sich zu leben lohnt! Ich hänge geradezu an seinen Lippen, könnte stundenlang zuhören. Da wendet er sich mir plötzlich zu: „Fahr weiter hinaus auf den See und wirf dein Netz aus!" - Was sagt er da? Jetzt, wo die Sonne am höchsten steht, soll ich das Netz auswerfen? Vom Fischfang hat er offensichtlich keine Ahnung. Aber sein Blick? Er meint es ernst! - „Nun, Herr," so wende ich ein, „wir haben uns die ganze Nacht vergeblich geplagt und nichts gefangen. Bei Sonnenlicht gehen die Fische nicht ins Netz." Ich zögere, als ich seinen entschlossenen Blick sehe, schaue dann zu Andreas hinüber. Der lächelt und nickt zustimmend. Nun gut: „Herr, wie du meinst! Dann werden wir es noch einmal versuchen."

Was jetzt geschieht, ist nicht zu fassen: Kaum hat sich das Wurfnetz auf dem Wasser ausgebreitet und die Bleistücke sich gesenkt, sehen wir, wie es darin nur so von Fischen wimmelt. Wir beeilen uns, den Fang einzuholen, damit uns die Tiere nicht wieder entwischen. Andreas und ich sind schweißtreibende Arbeit gewohnt, die Zähigkeit der Fischer haben wir uns in jahrelanger Tätigkeit angeeignet, aber das hier übersteigt unsere Kräfte: Wir schaffen es nicht, das Netz an Bord zu ziehen.

„He, Jakobus, Johannes, kommt her und helft uns!" Laut brüllend und gestikulierend machen wir uns bemerkbar und sehen, wie unsere Freunde schnell in ihr Boot springen und uns zu Hilfe eilen. „Was ist los?" ist ihre erschrockene Frage und mit staunenden Augen erkennen sie beim näher kommen, wie wir uns mit dem prall gefüllten Netz voll zappelnder Fische abmühen. Hastig springen sie zu uns ins Boot und packen mit an und mit vereinten Kräften gelingt es uns endlich: Die Menge der Fische füllt beide Boote bis zum Rand. Keuchend und verschwitzt setzen wir uns auf die Schiffsbohlen, um uns ein wenig zu erholen. „Was war das denn?" Jakobus kann gar nicht verstehen, was hier passiert ist. Er schüttelt ungläubig den Kopf: „Unfassbar!"

Da kommen mir die Worte Jesu wieder in den Sinn, die er heute zu uns, seinen Zuhörern, gesprochen hat und mir wird klar, wen ich vor mir habe.

Völlig überwältigt falle ich vor Jesu Füße: „Herr, geh fort! Du erschreckst mich. Ich weiß, du kommst von Gott und ich habe nicht verdient, was du an mir getan hast." Voll Vertrauen suche ich Jesu Blick und als unsere Augen sich finden, sehe ich sein warmherziges, verstehendes Lächeln, während er zu mir spricht: „Simon, hab keine Angst! In Zukunft sollst du Menschenfischer sein. Ich brauche dich, um die Menschen für die frohe Botschaft vom Reich Gottes zu gewinnen. Willst du mir folgen?" - „Von ganzem Herzen ja, Herr!"

Wir ziehen unsere Boote an Land. Andreas und ich lassen alles stehen und liegen und folgen Jesus nach. Jakobus und Johannes schließen sich uns an und lassen ihren Vater Zebedäus mit Boot und Fischen zurück.

Ein Mann überwindet seine Einsamkeit.

Es ist schon Nachmittag, die Sonne hat mal wieder viel Kraft. Ich sitze an meinem Tisch vor dem Stadttor von Jericho, denn ich bin hier der oberste Zollpächter. Mein Name ist Zachäus. Jetzt ist nicht mehr so viel los. Die Händler aus der Umgebung, die ihre Waren in der Stadt verkaufen wollen, sind ja immer schon früh auf den Beinen. So kann ich mich gemütlich zurücklehnen, die Augen schließen und ein wenig meinen Gedanken nachgehen.

Hin und wieder blicke ich kurz auf, wenn ich jemanden kommen höre, aber es sind meistens nur die Leute, die ganz schnell aus der Stadt wieder nach Hause wollen. Sie schauen mich mürrisch an, genau genommen feindselig und ziehen grußlos vorbei. Das kenne ich ja nur zu gut. Die Leute hassen mich, weil ich mit den Römern zusammenarbeite. Für den Kaiser in Rom treibe ich die Zölle ein.

Es ist schon so, dass die Römer meine Landsleute ausquetschen wie reife Zitronen. Das gefällt mir eigentlich auch nicht, aber was kann jemand wie ich schon daran ändern? - Ich habe mich mit der Situation arrangiert, verdiene sogar ganz gut daran. Wenn mir jemand quer kommt, dann erhöhe ich mal kurz die Preise. Dem bleibt dann nichts anderes übrig als zähneknirschend zu zahlen. Das hat er davon, wenn er sich mit mir anlegt. Die meisten sagen auch schon lange nichts mehr. So habe ich mir die Leute erzogen und habe keine Probleme mit ihnen.

Naja - Freunde habe ich mir damit natürlich nicht gemacht. Aber das ist mir inzwischen egal. Ich bin reich und kann gut für meine Familie sorgen, das ist doch auch nicht zu verachten. Irgendwie muss man ja sehen, dass man über die Runden kommt in diesen harten Zeiten.

Gut, dass ich meine Familie habe, denn Besuch habe ich eigentlich nie. Nur hin und wieder kommt ein Verwandter aus der Familie meiner Frau, meistens auf der Durchreise, um bei uns zu übernachten.

Manchmal spüre ich schon so etwas wie Einsamkeit, z.B. dann, wenn ich abends nach Hause gehe und am Marktplatz vorbeikomme. Da sitzen dann die Männer im Schatten der Bäume und ich höre sie lachen und reden. Die meisten von ihnen kenne ich. Sie sind auch von hier und viele sind mit mir als Kinder in die Synagoge zur Schule gegangen. Aber auch damals hatte ich eigentlich keinen richtigen Freund. Ich habe niemals verstanden warum. Ich war der Kleinste und Schwächste in der Schule und ausgesprochen schüchtern. Ich konnte kräftemäßig nicht mithalten und die anderen haben mich gehänselt und ausgelacht. Vielleicht meinten sie es gar nicht böse, aber ich habe mich zurückgezogen und bin allein geblieben. Später haben sie mich gar nicht mehr wahrgenommen. Keiner fragte nach mir, wie es mir geht und ob ich vielleicht mitspielen möchte.

Als ich älter wurde, machte mich das wütend. Sicher war ich auch neidisch auf die anderen - egal - damals habe ich mir geschworen, denen werde ich es zeigen. Ich werde was aus meinem Leben machen und dann werden sie neidisch sein auf mich.

Die Rechnung ging aber nicht auf. Trotz meines Reichtums beneiden sie mich nicht, sondern ich werde regelrecht ausgegrenzt, aber das lasse ich nicht an mich heran.

So, ich glaube, es reicht für heute. Jetzt kommt kein Händler mehr. Ich verstaue meine Sachen in dem kleinen Raum neben dem Stadttor, den ich von den Römern angemietet habe, und kann nach Hause gehen.

Da höre ich plötzlich, wie jemand ruft: „Jesus kommt in die Stadt, er muss gleich da sein. Er will mit seinen Jüngern heute hier übernachten." Der eine ruft es dem andern zu und es entsteht ein geschäftiges Treiben. Alle eilen zum Marktplatz, der bald ganz und gar überfüllt ist.

Jesus - das ist doch dieser Rabbi, von dem alle reden. Er soll ja wahre Wunder wirken, Kranke heilen, sogar Tote ins Leben zurück holen. Neulich hörte ich, dass mein Kollege Levi aus Kafarnaum auch sein Jünger geworden ist. Er soll alles stehen und liegen gelassen haben und ist nun mit ihm unterwegs. Ob der wohl auch heute dabei ist. Da bin ich ja mal neugierig. Das klingt alles sehr merkwürdig, Jesus soll ein Prophet sein. Ich glaube das nicht, aber anschauen werde ich ihn mir doch mal. Auf den Marktplatz zu gehen wäre zwecklos, keiner würde mich durchlassen und ich bin leider immer noch sehr klein. Da werde ich nichts sehen können.

Ach, der Maulbeerbaum ist gerade richtig. Von dort oben habe ich eine gute Sicht, und da bemerkt mich in dem Trubel sicher niemand.

Da, da ist Jesus, gerade kommt er durchs Stadttor und ich sehe auch Levi, im Gespräch mit einem andern Mann. Es ist eine ganze Gruppe von Fremden, die Jesus folgen. Das sind wohl seine Jünger. Sie kommen näher, Jesus kommt direkt auf den Baum zu, auf dem ich sitze. Er blickt zu mir auf und ruft laut: „Zachäus!" Vor Schreck bin ich wie erstarrt. Woher kennt er meinen Namen? Was will der von mir? Wie konnte er mich überhaupt entdecken? Tausend Gedanken schnellen mir durch den Kopf. Ich höre zwar, dass er mit mir spricht, aber ich verstehe kein Wort. „Zachäus", ruft er wieder und reißt mich damit aus meinen Gedanken. „Worauf wartest du? Komm runter, ich will heute Abend dein Gast sein!"

Ich springe von meinem Baum herab und stehe vor ihm. Unsere Blicke treffen sich und wie ein Blitz durchfährt es mich. Der Blick dieses Mannes - Jesus - trifft mich mitten ins Herz. Freundlich lächelnd schaut er mich an, seine Augen ruhen auf mir: wohlwollend? verständnisvoll? ja - liebevoll? So hat mich noch niemals jemand angeschaut. - Und was hat er eben gesagt? Er will heute mein Gast sein? - „Ja, ja natürlich", stammele ich. „Sei mir willkommen!" Wir gehen zusammen zu meinem Haus, seine Jünger folgen uns.

Da macht sich plötzlich Empörung breit. Die umstehenden Menschen rufen laut durcheinander: „Jesus, weißt du denn nicht, dass Zachäus ein Sünder,

ein Dieb und Betrüger ist? Bei dem willst du einkehren?"
Unbeirrt folgt Jesus mir ins Haus und auch die Jünger kommen mit, obwohl ihre Blicke eher skeptisch und unsicher sind. Zunächst reicht uns meine Dienerin eine kleine Erfrischung, während in der Küche in Windeseile eine leckere Mahlzeit zubereitet wird. Als aufgetischt ist, lässt Jesus es sich sichtlich schmecken, die Jünger jedoch rühren nichts an. Ich weiß, was sie denken: dass die Speisen eines Sünders unrein sind. Ich frage Jesus: „Herr, warum tust du das?" - „Was tu ich denn?" - „Mit mir essen. Sieh doch, deine Jünger rühren nichts an. Ich weiß ja, dass ich ein Sünder bin. Ich habe die Menschen meines Volkes betrogen und bestohlen. Ich arbeite für den Feind." - „Dann höre doch damit auf!" - So einfach ist das? Jesus steht auf, füllt einen Teller mit Speisen und reicht ihn Simon Petrus: „Nimm und iss, es schmeckt köstlich." Petrus grummelt: „Herr, ich versuche ja ihn zu lieben. Ich versuche es ehrlich!" - Jesus lacht: „Recht so, Petrus, versuch es weiter!"
Plötzlich wird mir klar, dass all mein Reichtum nichts ist im Vergleich zu der Freundschaft, die mir heute von Jesus angeboten wurde. Und dieser Blick: in ihm möchte ich versinken, ich kann mich gar nicht satt sehen. Es ist wie nach Hause kommen, das Herz kommt zur Ruhe. Ich atme tief ein - und wieder aus und dann höre ich mich sagen: „Herr, ich will versuchen, den Schaden, den ich anderen zugefügt habe, wieder gut zu machen. Und ich will mich um die Armen kümmern, so gut ich kann." - Und da ist es wieder, dieses Lächeln, als Jesus sagt: „Das ist ein wahrhaft guter Tag für dieses Haus. Auch dir als Sohn Abrahams ist das Heil geschenkt worden. Dafür bin ich gekommen, um dich zu suchen und zu retten." - Welch ein glücklicher Tag!

Die treue Liebe eines Vaters

Mein Tagwerk ist vollbracht. Gerade bin ich vom Feld nach Hause gekommen, habe mich etwas frisch gemacht und warte nun auf meinen Sohn Simon. Er möchte mit den Landarbeitern noch einiges für den nächsten Tag klären, bevor wir zusammen zu Abend essen wollen.

Wie so oft sitze ich auf unserer Bank vor der Haustür und schaue auf einen bestimmten Punkt am Horizont. Es ist der Punkt, an dem der Weg, der zu unserem Haus führt, den Himmel berührt. Es ist der Punkt, wo ich vor langer Zeit meinen jüngeren Sohn David habe fortgehen sehen.

Ja - ich habe zwei Söhne. Simon hat von mir den Hof übernommen. Er hat immer schon fraglos und klaglos alle ihm anvertrauten Aufgaben und Anforderungen übernommen. Er ist meine Stütze, mein Vertrauter und ich bin sehr stolz auf ihn. Das einzige Thema, das ich bei ihm nicht anrühren kann, ist sein Bruder David.

Schon als Kind war David ein Träumer und Phantast. Er hatte verrückte Ideen und Vorstellungen von seinem Leben. Simon wirft mir noch heute vor, ich hätte den Kleinen verwöhnt, weil ich nicht von ihm verlangt habe, dass er auf dem Hof arbeiten soll. Er kann nicht verstehen, dass ich David die Freiheit geben wollte herauszufinden, wo sein Platz im Leben ist, welche Tätigkeit ihn erfüllt und glücklich macht. Ich bemerkte doch, wie unausgefüllt er war. Die Arbeit auf dem Hof war ihm zu schwer, aber Simon unterstellte ihm Faulheit. Deshalb gab es viel Streit zwischen den beiden Brüdern, und wenn ich versuchte zu vermitteln, geriet ich oft zwischen die Fronten.

Der Streit wurde immer heftiger, bis David eines Tages von mir sein Erbteil verlangte, um damit fortzugehen und sich sein eigenes Leben aufzubauen. Diese Forderung traf mich zutiefst, aber mir war klar, ich musste ihn gehen lassen. Alles andere hätte zu noch mehr Konflikten geführt. Als er am nächsten Tag ging, war er so unversöhnlich, dass er ohne Abschiedsgruß, ohne eine Umarmung, ohne einen Blick zurück loszog. Mit Tränen in den Augen habe ich ihm nachgeschaut, bis er dort oben am Horizont verschwand. Wie oft habe ich seither Ausschau gehalten nach ihm, dem schmerzlich Vermissten. Ich frage mich dann immer, was aus ihm geworden ist, ob es ihm gut geht, ob er sein Glück gefunden hat? Das ist es, was ich hoffe. Meine schlimmsten Befürchtungen sind, dass er tot ist. Es wäre grausam, mit der Ungewissheit leben zu müssen, nie mehr von ihm zu hören.

Vielleicht geht es ihm auch nicht gut dort, weit weg von zu Hause. Vielleicht fehlt ihm der Mut zurückzukommen oder er ist zu stolz, sich dem Spott und der Schadenfreude seines Bruders zu stellen. Meiner düsteren Phantasie sind keine Grenzen gesetzt und meine Gedanken beginnen zu kreisen. Und dann, wie immer, wenn ich nicht mehr weiter weiß, schreit alles in mir: wenn es noch ein Band gibt, dass dich, geliebtes Kind, mit mir verbindet, so lass mich in deinen Träumen sein, um dir zu sagen: Komm heim, mein Sohn, du bist geliebt, du wirst erwartet und ich sehne dich herbei! - Mit einem tiefen Seufzer komme ich zurück in die Realität.

Die Sonne steht schon recht tief dort am Horizont, gleich bricht die Nacht herein. Aber noch verbreitet sie ihr goldenes Licht und ihre Wärme hüllt mich weiterhin ein, als ich plötzlich etwas am Ende des Weges entdecke, noch viel zu klein um zu erkennen, um was, um wen es sich handelt. Ich stelle mir vor, es ist David. So würde es sein, eines Tages, wenn er zurückkommt. Ich schaue weiterhin gedankenverloren in die vertraute Richtung, dann mit einem Mal die Erkenntnis, es ist David! Ich springe auf und so schnell meine alten Füße mich tragen können laufe ich ihm entgegen. Schon von Weitem bemerke ich, wie zerlumpt und erschöpft er aussieht und Mitleid treibt mir die Tränen in die Augen. Nach langer Umarmung und einem Kuss der Erlösung schaue ich ihn an und sehe in seine fragenden Augen, als er spricht: „Vater, ich habe die Gebote Gottes missachtet. Ich habe dir so weh getan, dass ich nicht mehr wert bin, dir als Sohn zu begegnen." - „Mein Kind, was sagst du denn da? Ich liebe dich doch." - Da spüre ich, wie sich in seiner Erleichterung seine Gesichtszüge entspannen und höre Worte, die mich unendlich glücklich machen: „Mein Papa, ich liebe dich auch."

Schnell rufe ich unsere Knechte herbei und gebe ihnen den Auftrag, ein Gewand, Schuhe und einen Ring zu holen und das Mastkalb zu schlachten. Dieser schönste Tag in meinem Leben verlangt nach einem rauschenden Fest.

In Windeseile werden die Nachbarn herbeigerufen und schon von Weitem rufe ich ihnen zu: „Schaut her, David ist wieder da. Ich glaubte, er sei tot, aber er lebt. Ich habe ihn so vermisst und er ist zu mir zurückgekehrt. Kommt her und freut euch mit uns!"

Da kommt Simon gerade zur rechten Zeit nach Hause. Die Knechte haben ihn wohl schon über die Ankunft des Bruders informiert, denn ich sehe den Zorn in seinen Augen, als er versucht wortlos an mir vorbei ins Haus zu gehen. Ich halte ihn auf und möchte ihn beschwichtigen. Er schreit mich jedoch wütend an: „Ich habe immer getan, was zu tun war, wie selbstverständlich, aber nie hast du ein solches Fest für mich ausgerichtet. Und da kommt dieser Nichtsnutz daher und du lässt gleich das Mastkalb für ihn schlachten. Ich fasse es nicht!"

„Ach Simon, ich liebe dich doch ebenso sehr wie ihn, und wenn du deine Freunde zu einem Fest laden möchtest, dann tue es doch. Aber verstehst du denn meine Freude nicht. Ich glaubte, deinen Bruder für immer verloren zu haben und er hat den Weg zu mir zurückgefunden. Freue dich doch mit mir, nur darum bitte ich dich." - Simon nickt nach einem Augenblick des Zögerns, dann geht er seinen Bruder David zu begrüßen. Das ist ein guter erster Schritt, alles Weitere wird sich finden. Da bin ich ganz zuversichtlich.

Ein junger Mann findet seinen Weg.

Mein Name ist David und ich lebte früher mit meinem Vater und meinem älteren Bruder Simon auf unserem großen Hof, mit vielen Tieren, Feldern und einer großen Dienerschaft. Vater ist schon alt und er hat die Leitung des Hofes bereits vor längerer Zeit an Simon übergeben. Gewissenhaft und fleißig arbeitet mein Bruder seither tagaus, tagein und Vater ist sehr stolz auf ihn. Das war schon immer so - die Beiden - ein Herz und eine Seele. Selbst wenn ich gewollt hätte, ich sah keine Chance, dazuzugehören. Es war ja auch nicht notwendig. Eigentlich war es mir auch ganz recht so, denn die Arbeit auf dem Hof fand ich öde. Solange meine Mutter noch lebte, war alles gut, denn ich teilte mit ihr die Liebe zur Musik. Am liebsten spielte ich auf der Harfe und Mutter sang dazu. Simon machte sich oft über mich lustig, aber als ich älter wurde, amüsierte es ihn gar nicht mehr. Statt dessen verlangte er nun meine Mithilfe auf dem Hof und nannte mich einen Faulpelz.

Nach Mutters Tod wurde alles noch schlimmer. Wir stritten ständig und Vater bemühte sich, die Wogen der Auseinandersetzungen zu glätten. Er versuchte mich zu verstehen, aber ich fühlte mich nicht verstanden. Simon war Papas Liebling, daran würde sich nie etwas ändern.

Mir war das Leben zu Hause so leid, ich wollte nur noch weg. Niemand sollte mir mehr drein reden. Was ich tun oder lassen sollte war meine Angelegenheit. Ich wollte frei sein. In meiner Wut und Verzweiflung fasste ich den Plan fortzugehen und verlangte von meinem Vater mein Erbteil. Ich sah den Schock, den meine Worte bei ihm auslösten.

Deshalb habe ich nicht wirklich damit gerechnet, dass er meiner Forderung nachkommen würde. Aber am nächsten Tag ließ er mich rufen und gab mir, was ich verlangte. Er schaute mich dabei so seltsam an, dass ich seinen Blicken auswich. Meine Sachen hatte ich bereits gepackt und so ging ich, ohne ein weiteres Wort, so schnell ich konnte, fort - nur weg aus dieser unerträglichen Situation.

In der ersten Zeit ging es mir gut, ich genoss die Freiheit und ließ es mir an nichts fehlen. Die Zeit verging, mein Geld verringerte sich und ich musizierte in Gasthäusern. Das war jedoch auch nicht das Leben, wie ich es mir früher immer vorgestellt hatte. Eines Tages stand ich mittellos da, weil mir jemand die letzte Reserve gestohlen hatte. Was sollte ich tun? Die Zeiten waren schlecht geworden, kein Wirt konnte mehr einen Musiker bezahlen, andere Arbeit fand ich auch nicht. Das Einzige, was ich schließlich fand, war die Stelle bei einem Bauern als Schweinehirt. Damit kannte ich mich zumindest ein wenig aus.

Seither hatte ich viel Zeit zum Nachdenken. Über das entwürdigende Leben, das ich nun führte, konnte ich ja noch hinweg sehen: Das Essen, das mir zugeteilt wurde, war karg, manchmal suchte ich sogar im Schweinetrog nach etwas Essbarem. Der Schmutz, in dem ich leben musste, ekelte mich zu Anfang noch, doch auch da war ich mittlerweile abgestumpft. - Wie anders ist doch das Leben unserer Tagelöhner zu Hause. Vater und Simon haben immer gut für sie gesorgt. Mit denen hätte ich zu gerne tauschen mögen. Aber eigentlich geschah mir recht, dass ich in diese Not geraten war. Niemand war dafür verantwortlich außer mir selber. Diese Erkenntnis war sehr schmerzlich.

Könnte ich doch nach Hause gehen, könnte ich doch Taten und Worte ungeschehen machen! Ich dachte an den Gesichtsausdruck meines Vaters beim Abschied und verstand erst jetzt, dass sein Blick voll Trauer und Schmerz, aber auch in Liebe und mit Verständnis an mir hing, als ich ging.

In der vergangenen Nacht hatte ich einen Traum, so echt, dass ich mit klopfendem Herzen und tief bewegt erwacht bin: Ich sah meinen Vater auf der Bank vor unserem Haus sitzen. Er sah so traurig aus und ich hörte, wie er meinen Namen rief, zunächst flüsternd, doch dann immer deutlicher werdend. Mein eigenes Rufen „Papa!" hat mich aus dem Traum gerissen und, vom

Schlaf noch ganz benommen, musste ich mich erst einmal orientieren, wo ich bin. - Nein, ich bin nicht zu Hause. Tränen steigen in mir auf und ich sehne mich so sehr nach meinem Vater, dass mein Herz wehtut. Ich vermisse seinen Rat, sein Verständnis, seine Nähe.

Was habe ich nur getan, wie sehr müssen meine anmaßenden Worte ihn getroffen haben, als ich mein Erbteil verlangte. Er, der immer für mich da war, der mich ermutigt hatte, meinen eigenen Weg zu finden, ihn habe ich durch meine Forderungen behandelt, als wäre er für mich gestorben. Das ist unverzeihlich, ich weiß. - Aber nun fälle ich eine Entscheidung: Ich muss zurück nach Hause gehen, um ihm das zu sagen, sonst werde ich nie mehr in meinem Leben Ruhe finden. Das ist mir endlich klar geworden.

Entschlossen springe ich auf und mache mich auf den Weg. Es ist ein langer, beschwerlicher und vor allem ein sehr einsamer Weg, den ich vor mir habe. Je weiter ich gehe, je näher ich meinem Ziel komme, um so schwerer wird mein Herz. Dennoch habe ich das Gefühl, es ist richtig, was ich da tue. Diese Erkenntnis lässt mich Hunger und Müdigkeit leichter ertragen. Die Sehnsucht nach meinem Vater und das Verlangen ihn um Vergebung zu bitten treiben mich voran.

Die Gegend wird mir mittlerweile vertrauter, nun ist es nicht mehr weit. Ob es meinem Vater wohl gut geht, wie Simon wohl reagieren wird, wenn wir uns begegnen? Sicher ist es ihm eine Genugtuung, mich so zerlumpt und am Boden zu sehen. Ich höre schon seine hämisch-spitzen Bemerkungen wie: Hab ich´s doch gewusst, du Versager! Aber das interessiert mich im Augenblick wenig, er hat ja recht. Ich werde seinen Spott ertragen müssen.

Nun erreiche ich die Wegbiegung, hinter der ich unser Haus zum ersten Mal sehen kann. Wie ein schwerer Stein liegt die Schuld auf meiner Seele und ich bin so erschöpft, dass ich mein Ziel fest in den Blick nehmen muss, um es erreichen zu können, so kommt es mir vor.

Noch ein Schritt und noch ein Schritt und noch ein Schritt... Im Näherkommen sehe ich dann das Bild, das mir im Traum begegnet ist: Mein Vater sitzt auf der Bank vor unserem Haus. Ich gehe weiter und da bemerke ich, wie er aufsteht und mir entgegen eilt. Am Ende meiner Kräfte sinke ich endlich in seine Arme. Mein Papa fängt mich auf und hält mich ganz fest - mich, den innerlich und äußerlich zerrissenen, das Häufchen Elend in Person und dann küsst er mich. Wir weinen beide und ich kann die Worte, die ich mir zurechtgelegt habe, die ich mir immer und immer wieder gesagt habe, nur noch stammelnd hervor bringen: „Vater, ich habe die Gebote Gottes missachtet. Ich habe dir so weh getan, dass ich nicht mehr wert bin, dir als Sohn zu begegnen." - Seine Stimme klingt so sanft und gütig als er zu mir spricht: „Mein Kind, was sagst du da? Ich liebe dich doch." Mit leuchtenden Augen schaut er mich an und ich spüre, wie seine Herzenswärme mir meine Traurigkeit, meine Ängste und Mutlosigkeit wegnimmt. Erleichtert atme ich auf, es ist wie ein neues Leben, das mir gerade geschenkt wird. „Mein Papa, ich liebe dich auch." Mein Herz wird ganz weit und leicht dabei. Es tut so gut, diese Worte endlich aussprechen zu können. Dann erlebe ich die Freude meines Vaters, der unsere Dienstboten herbeiruft. Sie sollen geschwind ein Fest vorbereiten und mir neue Kleidung bringen. Ein geschäftiges Treiben herrscht nun auf unserem Hof, auch die Nachbarn eilen herbei, um mich zu begrüßen. Das alles hätte ich nie auch nur zu träumen gewagt.

Ich stehe im Garten mit unseren Nachbarn, als ich Simon plötzlich kommen sehe und sein wutschnaubendes Gesicht spricht Bände. Er will ins Haus gehen, aber Vater stellt sich ihm in den Weg. Ich sehe, wie sie miteinander streiten, doch dann scheint sich die Situation zu entspannen. Und jetzt kommt Simon tatsächlich auf mich zu, um mich zu begrüßen. Etwas verhalten und auch ein wenig mürrisch klingt es, als er sagt: „Willkommen daheim, David." Aber immerhin, seine gehässigen Bemerkungen, mit denen ich gerechnet habe, bleiben aus. Da fällt mein Blick auf meinen Vater und ich sehe in sein strahlendes Gesicht. - Wie schön, wieder daheim zu sein!

Ein römischer Soldat glaubt an die Macht Gottes.

„Felix, was ist mit dir los? Du bist so blass!" - „Hauptmann Justus, ich weiß nicht so genau. Mir ist schwindelig." - „Geh und ruhe dich ein wenig aus. Die letzte Wache war wohl ein bisschen viel."
Zeloten haben in der vergangenen Nacht unser Lager überfallen und zwei meiner Männer getötet. Wir konnten sie zwar dann überwältigen, aber es war ein harter Kampf. Und Felix, mein bester Mann, stand mal wieder an der Front. Ich schaue ihm besorgt nach und sehe plötzlich, wie er zusammenbricht.
Schnell eile ich zu ihm hin und auch ein paar seiner Kameraden kommen zu Hilfe. Wir tragen ihn in mein Quartier und legen ihn auf sein Bett in der Kammer, die direkt neben meiner liegt. Felix ist bewusstlos und sein Körper zittert. „Quintus, hol den Arzt her! Er soll sofort kommen. Beeil dich!" So lautet mein Befehl an einen der anwesenden Soldaten. Der läuft gleich los und kurz darauf kommt er mit dem Arzt zurück. Diesem gelingt es nach einiger Zeit, Felix aus der Ohnmacht aufzuwecken. Mit glasigen Augen schaut mich der Kranke an.
„Er scheint Fieber zu bekommen," sagt der Arzt. „Wir müssen erst einmal abwarten, was das für eine Krankheit ist. Ich werde morgen früh wieder nach ihm sehen. Hauptmann Justus, du solltest einen Soldaten abordnen, der heute Nacht bei dem Kranken Wache hält, zur Sicherheit." - „Schon gut, ich kümmere mich darum," antworte ich.
Nachdem der Arzt gegangen ist, nehme ich mir einen Stuhl und setze mich neben das Krankenbett. Nachdenklich betrachte ich den inzwischen unruhig schlafenden Soldaten. Mir wird klar, wie viel er mir bedeutet. Er ist nicht nur mein bester Offizier, klug, zuverlässig und bescheiden. Er ist mir in all den Jahren hier auch zum Freund geworden, mein Vertrauter, ohne den ich manchmal aufgeschmissen wäre.

Wir sind damals zusammen von Rom in dieses seltsame Land versetzt worden. Die Menschen hier sind schwierig, auch wenn ich sie verstehen kann. Sie mögen uns nicht, denn wir sind die Besatzer. Deshalb versuche ich, meine Aufgabe ruhig und besonnen auszuüben und dabei hilft mir Felix. Er lässt sich nicht provozieren im Gegensatz zu manchen Hitzköpfen in meiner Kompanie. So haben wir hier in Kafarnaum einen recht guten Umgang mit den Einheimischen.

Felix und ich reden oft über die Menschen hier, immer dann, wenn er in der Stadt nach dem Rechten gesehen hat und mir Bericht erstattet. Die Juden glauben an nur einen Gott und erwarten seinen Gesandten, den Messias, der sie erlösen wird. Überall sprechen die Menschen darüber, nicht nur in ihrem Gebetshaus, der Synagoge.

Neulich hat Felix bei der Überprüfung einer Menschenansammlung mitbekommen, dass es der Rabbi Jesus von Nazareth war, der auf dem Platz vor der Synagoge zu vielen Menschen sprach. Von ihm haben wir schon oft gehört. Felix berichtete, dass Jesus über das Heilen von Krankheiten sprach. „Man muss Vertrauen haben, wenn man gesund werden will, Vertrauen zu Gott," erzählte er. „Wer Gott vertraut, dem ist alles möglich. Er kann zu einem Berg sagen: Geh von hier nach dort! Und der Berg tut es." Ich sehe noch den Gesichtsausdruck von Felix vor mir, als er davon sprach. Er war sichtlich beeindruckt.

Der Kranke erwacht gerade und stöhnt laut auf. „Hast du Schmerzen?" frage ich ihn. Er antwortet mir nicht. An seiner Stirn fühle ich, dass das Fieber angestiegen ist. Ich hole eine Schale mit Wasser und mit einem Tuch, das ich eintauche, versuche ich seine Stirn zu kühlen. Es ist bereits mitten in der Nacht und bis auf die Nachtwache, die regelmäßig ihre Runden dreht, schlafen alle. Immer wieder zuckt Felix zusammen und stöhnt. Hoffentlich kommt bald der Morgen, denke ich besorgt, und mit ihm der Arzt.

Nach endlos scheinenden Stunden kommt er dann und hält Medizin in der

Hand. „Die habe ich durch einen Boten aus Tiberias holen lassen," ruft er stolz aus.

Stunden vergehen und keine Besserung ist in Sicht. Es wird nur noch schlimmer. Es scheint so, als könne Felix sich nicht mehr bewegen. Er ist auch kaum noch ansprechbar. Nur seine flehenden Blicke treffen mich hin und wieder und zeigen mir meine Hilflosigkeit. Beim nächsten Besuch beschimpfe ich den Arzt als Quacksalber, dann versuche ich ihn mit Silbermünzen zu locken. Doch der schüttelt nur den Kopf: „Hauptmann Justus, du musst Geduld haben. Ich kann ihn doch nicht auf Befehl gesund machen."

Da kommt mir ein Gedanke: Nein - nicht Geduld brauche ich. Hatte nicht Felix von Vertrauen gesprochen, über das Rabbi Jesus gelehrt hatte? – Gottvertrauen! Davon hatte er so eindrucksvoll berichtet.

Ich werde unverzüglich zu Rabbi Jesus reiten. Er wird Felix helfen können. Schnell rufe ich den diensthabenden Leutnant herbei: „Lass mir mein Pferd bringen!"

Ich mache mich auf den Weg nach Kafarnaum, in der Hoffnung, Jesus dort anzutreffen. Unterwegs kommen mir dann doch Zweifel: Ich bin Römer, Jesus ist Jude. Juden dürfen aus religiösen Gründen das Haus eines Römers nicht betreten. Vielleicht wird er mich abweisen. Ich halte einen Augenblick inne, doch dann überwinde ich mein Zögern: Wer Gottvertrauen hat, dem ist alles möglich!

So schnell ich kann setze ich meinen Weg fort und kurz vor Kafarnaum sehe ich Jesus. Wie immer ist er umringt von zahllosen Menschen, die seine Nähe suchen. Ich springe vom Pferd und gehe auf Jesus zu, der mich fragend anschaut.

Ohne Umschweife spreche ich ihn an: „Rabbi, mein Untergebener liegt schwer erkrankt bei mir zuhause. - „Ja, und?" entgegnet er.

„Er hat große Schmerzen und kein Arzt kann ihm helfen," erkläre ich die

Situation. - „Soll ich kommen und ihn gesund machen?" will er wissen.
„Nein, das kann ich nicht von dir erwarten. Ich will dir als Jude nicht zumuten, das Haus eines Römers zu betreten. Aber du hast einmal gesagt: Wer Gottvertrauen hat, dem ist alles möglich. Befehle nur, ich glaube daran, dass mein Diener dann gesund wird." - „Befehlen?" Verwundert schaut mich Jesus an.
„Ja, befehlen. So ist es doch bei uns Soldaten üblich. Wenn mir mein Oberst eine Anweisung gibt, dann führe ich sie aus. Und wenn ich meinem Soldaten einen Befehl erteile, dann befolgt er ihn."
Jesus schaut mir eine Weile in die Augen, dann wendet er sich an die umstehenden Menschen: „Ein solches Vertrauen habe ich noch bei keinem Israeliten gefunden. Ausgerechnet ein Römer, noch dazu ein Offizier, zeigt einen so starken Glauben, obwohl die Römer doch zu anderen Göttern beten."
Mit freundlichem Blick richtet er die nächsten Worte an mich: „Geh nach Hause! Wenn dein Vertrauen zu Gott so groß ist, dann wird er deinen Wunsch auch erfüllen."
Mein Vertrauen zu Gott!?! - Nachdenklich gehe ich zu meinem Pferd und reite zurück. Dieses Land und dieses Volk mit seinem merkwürdigen Glauben beginnen mich zu verändern, so erscheint es mir. Vor allem die Begegnung mit Rabbi Jesus hat mich gerade tief berührt. Allein der Blick dieses Mannes war so faszinierend, dass er mich nicht mehr loslässt.
Zurück in der Kaserne gehe ich unverzüglich zu Felix. Ich sehe ihn im Bett sitzen und genussvoll eine Suppe löffeln. Vor Freude strahlend blickt er mich an: „Hauptmann Justus, mir geht es wieder gut. Es war eigenartig, denn ich spürte plötzlich eine seltsame, ungeahnte Kraft in mir." - „Ich weiß, mein Freund! Das ist die Kraft des Gottvertrauens."

Geschichte einer großen Liebe - Maria aus Betanien

Kapitel I. - Vorgeschichte

Mein Name ist Maria. Ich wohne mit meinem Bruder Lazarus und meiner Schwester Marta in Betanien, das liegt in der Nähe von Jerusalem. Wir sind in der glücklichen Lage in einem schönen, komfortablen Haus zu leben, groß genug für Gäste von fern und nah, die gerne zu uns kommen, weil sie mittlerweile unsere Freunde geworden sind. Wir haben auch einen großzügigen Innenhof, wo wir die Stunden der größten Tageshitze im Schatten eines alten Apfelbaumes verbringen können. Mein Lieblingsplatz ist im Garten bei unserem Brunnen. Dort steht eine Bank und ein kleiner Mandelbaum. Den haben meine Eltern nach meiner Geburt für mich gepflanzt.

Wir lieben es, unsere Freunde gastfreundlich zu bewirten. Vor den großen Festen in Jerusalem ist unser Haus immer ganz besonders voll, das hat Tradition. Schon bei unseren Eltern war das so.

Es gibt jemanden, über dessen Besuch ich mich immer ganz besonders freue. Er ist der Freund meines Bruders Lazarus. Auch unsere Väter waren bereits gute Freunde. Deshalb kenne ich ihn schon, seit ich ein kleines Mädchen war. Meine Geschwister und ich haben früher mit ihm gespielt, wenn er mit seinen Eltern bei uns zu Gast war. In unserer Kindheit hat er mich oft geneckt, indem er mit der Spitze seines Zeigefingers meine Nase geschnippt hat. Ich habe das immer als ein Zeichen seiner Zuneigung für mich empfunden und es genossen.

Später wurde er Zimmermann, wie sein Vater, und auf der Suche nach Arbeit waren die Beiden oft in Jerusalem und so bei uns zu Gast. Immer, wenn ich ihn kommen sah, hüpfte mein Herz vor Freude und ich kochte mit meiner Schwester ein leckeres Essen für meine Lieblingsgäste. - Ja, ich liebe ihn, von ganzem Herzen - schon solange ich denken kann. Er heißt übrigens Jesus und kommt aus Nazareth.

Seit wir erwachsen sind, träumte ich davon, dass er mich zur Frau nimmt, dass er kommen und meinen Bruder um meine Hand bitten würde. Ich habe natürlich mit niemandem darüber gesprochen, ist doch klar. Meine Geschwister haben es aber trotzdem bemerkt.

Vor etwa einem Jahr war er zum letzten Mal bei uns. Er erzählte uns, dass vor kurzer Zeit sein Vater Josef gestorben sei. Das machte uns alle sehr traurig, denn Josef war ein wunderbarer, bescheidener und kluger Mann. Wir hatten ihn sehr gern.

Wir haben miteinander gegessen und nach der Mahlzeit, während Marta und ich den Tisch abdeckten, haben Lazarus und Jesus sich alleine unterhalten. Ich wusste nicht, um was es ging. Erst als Jesus darum bat, mit mir allein zu sprechen, ahnte ich, was wohl jetzt kommen würde. Ich war ganz aufgeregt und meine Knie zitterten.

Er nahm meine Hände und schaute mich an mit seinen sanften und liebevollen Augen, die mir so vertraut waren. Ich konnte meinen Blick nicht abwenden, obwohl ich wusste, dass mein Verhalten unschicklich war. So darf eine Frau einen Mann nicht anschauen, zumindest nicht so lange, bis er sich erklärt hat.

Sein Blick wurde traurig, als er mir sagte, dass er nicht mit mir sein könne, dass ich mein Leben ohne ihn verbringen müsse. Ich sagte nichts dazu, obwohl in mir ein Orkan an Gefühlen tobte. Seine Worte trafen mich mitten ins Herz und ein lauter Schrei, den ich in mir spürte, erstickte in einem kleinen Schluchzen und ich brachte nur ein leises "Warum???" über meine Lippen. Er entgegnete mir, dass sein Leben nicht ihm gehöre. Das klang so, als hätte er eine andere Frau, die er liebe. Er jedoch schüttelte nur betrübt den Kopf und versuchte mir zu erklären, was er nicht erklären konnte. Abrupt ließ er meine Hände los und eilte ins Haus. Er verabschiedete sich von

Lazarus und Marta und mit einem Blick des Bedauerns, der noch einmal mir galt, ging er eilig fort. Seither habe ich ihn nicht mehr gesehen.

Kapitel II. - Zwei Schwestern

Mittlerweile habe ich meinen Traum begraben und versuche mein Leben ohne Jesus zu gestalten, was bedeutet, ich lenke mich ab mit der vertrauten Hausarbeit.

Einige unserer Freunde, die uns seither besuchten, berichteten von Begegnungen mit ihm: Jesus sei inzwischen Wanderprediger geworden. Als Rabbi, umgeben von einer immer größer werdenden Schar von Jüngern, würde er nun durch die Städte und Dörfer ziehen. Man erzählte uns von Wundertaten, Heilungen und großartigen Reden über das kommende Reich Gottes.

Ich erinnere mich an manche Gespräche mit ihm in den vergangenen Jahren: über den Glauben an Gott, das Erwarten des Messias und die Worte der Propheten. Ja, Jesus war schon immer ein glaubensstarker Mann.

Da kommt Marta herein und erzählt mir, dass ein Bote die Ankunft Jesu und seiner Jünger angekündigt hat. Sie werden bald da sein.

Mit gemischten Gefühlen mache ich mich an die Arbeit, die Unterbringung der Gäste vorzubereiten. Ich schöpfe Wasser aus dem Brunnen, damit sich alle gleich erfrischen können. Unerwartet spüre ich, dass mich der bevorstehende Besuch mehr aufwühlt, als ich nach der langen Zeit gedacht habe. Wie wird es sein, wenn wir uns gegenüberstehen?

Marta und ich sind noch nicht fertig mit den Vorbereitungen, als ich von weitem die lebhaft diskutierende Gruppe mit Jesus in ihrer Mitte kommen höre. Mein pochendes Herz und meine weichen Knie hindern mich daran ihm entgegen zu eilen. Lieber bleibe ich in der Küche und Marta geht hinaus, um die Gäste willkommen zu heißen.

Kurz darauf kommt Jesus zu mir in die Küche und begrüßt mich, indem er mein Gesicht in seine Hände nimmt, mir mit offenem Blick in die Augen schaut und mir dann einen Kuss auf die Stirn drückt. Ich bin ein wenig verlegen, er jedoch ist völlig unbefangen, so dass ich langsam meine Fassung wiedererlange. Dadurch wird es leichter für mich, seine Gegenwart auszuhalten.

Die Gäste haben bereits im Garten einen schattigen Platz gefunden, als ich die ersten Speisen heraustrage. Da höre ich Jesus sprechen in einer Art, wie ich es nie vorher von ihm gehört habe. Er spricht von seinem Herzensanliegen, dem Reich Gottes, und schildert seinen Zuhörern, wie wunderbar es sein wird. Fasziniert lausche ich seinen Worten und vergesse ganz und gar, dass noch viel für die Mahlzeit hergerichtet werden muss. Ich setze mich zu seinen Füßen nieder und hänge förmlich an seinen Lippen, damit mir nichts entgeht. Mein Herz kommt zur Ruhe und plötzlich verstehe ich, was er mir damals so unbeholfen zu erklären versucht hat: Er hat sich entschieden, sein gesamtes Leben in den Dienst der Erfüllung seiner Sendung zu stellen, alles andere muss sich dem unterordnen. Das meinte er also, als er sagte, sein Leben gehöre nicht ihm.

Völlig versunken schrecke ich auf, als Marta mit dem Geschirr klappernd neben uns steht und sagt: "Jesus, siehst du wie meine Schwester die Arbeit vergisst, die noch zu erledigen ist? Kannst du ihr nicht sagen, dass sie mir helfen soll?" Er entgegnet: "Marta, du bist eine tüchtige Gastgeberin und du sorgst sehr gut für deine Gäste. Ich bin aber gekommen um mit euch zu reden. Setz dich zu uns, wie Maria. Alles andere hat Zeit." - Noch bis spät in die Nacht sitzen wir alle beisammen. Am nächsten Morgen ziehen Jesus und seine Begleiter weiter.

Kapitel III. - Liebe ist stärker als der Tod.

Lazarus ist krank, sehr krank. Marta und ich sind in großer Sorge und überlegen, wie wir ihm helfen können. Wenn Jesus doch hier wäre, er könnte ihn heilen! Wir müssen ihn suchen lassen. Unsere Nachbarn stehen uns zur Seite. Einer von ihnen hat gehört, wo Jesus sich aufhält. Er bietet uns an, mit seinem Pferd dorthin zu reiten und ihn zu holen. Hastig macht er sich auf den Weg.

Marta und ich sitzen die ganze Zeit am Bett bei Lazarus und halten seine Hand. Es geht ihm immer schlechter und wir müssen hilflos zusehen, wie er stirbt. Unser geliebter Bruder ist tot.

Die Nachbarinnen kommen und richten seinen Leichnam her für die Bestattung. Viele Freunde sind inzwischen eingetroffen, um uns zu trösten und beizustehen. Der Nachbar kommt unverrichteter Dinge zurück. Jesus ist nicht mit gekommen. Und ich hatte so darauf gehofft.

Grenzenlos traurig folgen wir unserem toten Bruder auf seinem letzten Weg. Unsere Freunde begleiten uns. Viele von ihnen bleiben noch weitere Tage bei uns.

Nun sind schon vier Tage vergangen. Lazarus fehlt mir so sehr, immer wieder rinnen meine Tränen. Auch aus einem anderen Grund: Ich weiß doch inzwischen, dass Jesus der Messias ist, der Sohn Gottes, der in die Welt kommen soll. Und er ist doch der Freund von Lazarus. Warum ist er nicht gekommen ihn vor dem Tod zu bewahren? Ich verstehe das nicht.

Plötzlich kommt die Nachricht, Jesus sei jetzt da. Marta geht ihm entgegen. In meiner Enttäuschung bleibe ich lieber im Haus, aber Marta kommt zurück und sagt zu mir: "Komm hinaus, Jesus möchte dich sehen." Blind vor Tränen folge ich ihr, und als wir endlich bei Jesus ankommen, verlassen mich meine Kräfte und ich sinke auf den Boden. Er eilt mir entgegen und hilft mir auf. Besorgt schaut er mir in die Augen und beim Anblick meiner Tränen beginnt auch er zu weinen. "Jesus, wenn du bei uns gewesen wärst, dann wäre unser Bruder noch am leben." - Jesus fasst mich sanft an den Armen und sagt: "Schau mich an, Maria. - Ich bin von Gott gesandt, seinen Willen zu verkünden und das Heil zu bringen für alle Menschen, die daran glauben. Er will das Leben für deinen Bruder und bei Gott ist alles möglich. Glaubst du das?" - Meine Tränen versiegen und in mir keimt eine neue Hoffnung auf. Ich nicke und sage: "Ja, denn ich weiß nun, wer du bist." Da nimmt er mich fest in seine Arme. Anschließend fragt er: "Wo habt ihr Lazarus bestattet?" Wir zeigen ihm den Weg.

Als wir uns dem Grab nähern, sehe ich, wie aufgewühlt Jesus ist. Er weint. Um uns herum macht sich Unruhe breit: "Seht, wie ihn der Tod seines Freundes berührt!" Ein anderer meint: "Wenn er so viele Menschen geheilt hat, wie erzählt wird, warum war er nicht hier, als Lazarus ihn gebraucht hat?" Jesus geht auf das Grab zu, das mit einem Stein verschlossen ist, und ordnet an: "Rollt den Stein beiseite!" Marta gibt zu bedenken: "Jesus, er riecht aber, es ist doch schon der vierte Tag." Jesus erwidert: "Willst du die Herrlichkeit Gottes sehen, so glaube!" Die Männer nehmen den Stein weg und ein beißender Verwesungsgeruch verbreitet sich.

Ich beobachte, wie Jesus seine Augen zum Himmel erhebt und ganz in sich versunken ist. Ich weiß, er hält Zwiesprache mit Gott. - Dann ruft er mit lauter Stimme: "Lazarus, steh auf und komm heraus!"

Gebannte Blicke sind auf die Graböffnung gerichtet. Eine Weile ist es ganz still. Dann sehen wir, wie Lazarus langsam herauskommt, die Füße und Hände noch mit den Binden umwickelt und das Gesicht mit dem Schweißtuch bedeckt. Marta und ich laufen unverzüglich hin, nehmen ihm die Tücher ab und umarmen Lazarus überglücklich. Wir haben unseren Bruder zurück bekommen. Gott hat ihm neues Leben geschenkt. Viele von den anwesenden Beobachtern dieses Geschehens umringen nun Lazarus, wollen ihn berühren, mit ihm sprechen, seine Stimme hören. Sie preisen Gott und rufen:

„Tatsächlich, in diesem Mann, Jesus von Nazareth, wirkt die Macht Gottes. Er ist der Messias."

Während wir es uns nicht nehmen lassen, mit den Menschen, die uns in der schweren Zeit treu zur Seite standen, ein Fest zu feiern, ziehen Jesus und seine Jünger sich zurück.

Kapitel IV. - Abschied heißt loslassen.

Es sind noch sechs Tage bis zum Passahfest und gleich erwarten wir den Besuch von Jesus, der mit seinen Jüngern auf dem Weg nach Jerusalem noch einmal bei uns rasten will.
Als sie endlich kommen, spüre ich gleich eine gedrückte Stimmung. Jesus und seine Begleiter sind nicht so heiter und gelöst wie sonst. Sie sind besorgt, weil die Hohenpriester und die Pharisäer ihm nach den Leben trachten. Auch mein Bruder Lazarus hat schon davon gehört und meint: „Geh nicht nach Jerusalem, es ist zu gefährlich. Sie wollen dich töten." Die Jünger stimmen dem zu und sagen: „Was nützt es, wenn du stirbst. Es wird die Römer nicht daran hindern, unser Volk weiterhin wie Sklaven zu behandeln." - Jesus ist ganz ruhig, als er antwortet: „Ich bin nicht gekommen, um an den Machtverhältnissen etwas zu ändern. Mein Auftrag ist es, die Herrschaft der Sünde zu überwinden. Und es ist Gottes Wille, dass ich dafür sterben muss." – „Nein!!! Das darf nicht geschehen." – „Das lasse ich nicht zu." – „Das kann nicht Gottes Wille sein." – „Dein Weg hat doch gerade erst begonnen." – „Ich lasse nicht zu, dass unsere Gemeinschaft zerstört wird." So schreien die aufgebrachten Jünger alle durcheinander. Während sie miteinander streiten, bemerke ich, wie Jesus hinausgeht und gehe ihm nach. Ich finde ihn am Brunnen bei meinem Mandelbäumchen auf der Bank und setze mich zu ihm. Leise flüstere ich: „Warum???" – „Dafür wurde ich geboren." – „Für den Tod? - Jetzt???" frage ich entsetzt. – „Ich bin in die Welt gekommen, um den

Menschen die Liebe Gottes zu beweisen. Um diesen Auftrag zu erfüllen, darf ich nichts zurückhalten, muss ich alles hergeben, sogar mein Leben, damit sie es erkennen." – „Aber wie kann dein Tod die Liebe Gottes zeigen?" - Dann erklärt er mir: „Erst durch die Hingabe und meinen Tod wird mein Auftrag vollendet, besiegelt. Danach werde ich in den Herzen der Menschen weiter leben, wenn sie es zulassen. Und wenn sie das wollen, werden sie dadurch die Stärke finden zu lieben, denn ich werde bei ihnen sein." - Ich versuche zu verstehen, aber es macht mich unendlich traurig. Jesus bemerkt es und fügt hinzu: „Sei getrost, Maria, am dritten Tag werde ich auferstehen. Glaubst du das?" - Ich habe die Auferweckung meines Bruders Lazarus mit erlebt, natürlich glaube ich ihm, wenn ER es sagt. Ich nicke, aber sprechen kann ich jetzt nicht.

Da steht Jesus auf und geht wieder zu seinen Jüngern. Ich bleibe nachdenklich zurück und überlege, wie ich ihm deutlich machen kann, dass ich ihn verstanden habe. Da habe ich eine Idee: Vor einigen Tagen habe ich auf dem Markt Nardenöl gekauft, für die Behandlung von Wunden. Das hole ich aus meinem Zimmer und während alle zu Tisch sitzen, geh ich zu Jesus, knie mich vor ihn hin, gieße das Öl über seine Füße und trockne sie anschließend mit meinem Haar. Der Duft erfüllt das ganze Haus.

Judas Iskariot beschwert sich nun über die Verschwendung, denn das Geld dafür hätte man doch besser den Armen geben können. Aber Jesus verteidigt mein Tun: „Lass sie! Sie tut es für mein Begräbnis. Um die Armen könnt ihr euch noch kümmern, wenn ich nicht mehr da bin."

Am nächsten Morgen wollen sie aufbrechen. Jesus kommt zum Abschied auf mich zu mit einem aufmerksamen und liebevollen Blick und ich sehe, wir verstehen uns ohne Worte. Er weiß, dass ich seine Entscheidung achte, und er grüßt mich mit den Worten „Schalom, Maria." Dann nimmt er mich in seine Arme, so wie er es früher oft getan hat. Und ich? - Einen Herzschlag lang schließe ich meine Augen, einen Herzschlag lang spüre ich seine Wärme und einen Herzschlag lang kann ich ganz bei mir sein, weil ich bei IHM sein darf. - Mein armes Herz, warum schlägst du nur so schnell???

Ich löse mich aus seinen Armen und mir kommt ein Wort des Predigers Kohelet in den Sinn, der davon spricht, dass alles seine vorher bestimmte Stunde hat. Er hat erkannt, dass es eine Zeit zum Umarmen gibt und eine Zeit, die Umarmung zu lösen. Nun ist also die Zeit gekommen, wo ich Jesus ganz loslassen muss, denn auch er ist dabei loszulassen. Ich antworte ihm: "Schalom, Jesus. Was immer es ist, was du tun musst. Gott sei mit dir." Und ich weiß, er hat verstanden, dass bei dem schweren Weg, der ihm bevorsteht, meine Liebe ihn begleiten wird. Er schenkt mir noch ein letztes Lächeln und als er geht, schaue ich ihm lange nach.

Kapitel V. - Ein schwerer Weg.

Am Tag vor dem Passahfest in aller Frühe kommen einige der Jünger gerannt, als sei der Teufel hinter ihnen her. Sie bitten darum, sich eine Weile bei uns verstecken zu dürfen um etwas auszuruhen. Ich frage sie, was geschehen ist. Sie antworten, dass Jesus in der Nacht verhaftet worden sei und nun zum Tode verurteilt werden soll, wie es die Massen der Menschen verlangen. - "Und da habt ihr ihn allein gelassen?" schreie ich sie entsetzt an. Beschämt schauen sie zu Boden, als sie entgegnen: "Was können wir denn tun? Gewiss suchen sie auch nach uns, um uns zu ergreifen und ebenfalls hinzurichten."

Das höre ich mir nicht länger an. Ich werfe mir mein Tuch um die Schultern und eile, so schnell mich meine Füße tragen, nach Jerusalem. Unterwegs begegnet mir eine Freundin und ich frage sie, ob sie etwas von Jesus gehört hat. Sie antwortet mir ganz niedergeschlagen: "Er trägt schon sein Kreuz auf dem Weg nach Golgatha."

Bald erreiche ich die Menschenmenge, die sich durch die Straßen drängeln.

Ich kann Jesus noch nicht entdecken, er ist sicher weiter vorne. Bald verlassen wir die Stadt und erreichen das freie Feld der Schädelhöhe. Ich haste an den Menschen vorbei, um möglichst nah bei Jesus zu sein. Da entdecke ich seine Mutter Maria, Maria Magdalena und Johannes. Sie sind aber zu weit weg um sie einzuholen. Jetzt erkenne ich die Spitze des Kreuzes, da muss Jesus sein. Ich schlängele mich durch die Massen, in seine Richtung. Die Soldaten mit Jesus und zwei weiteren Männern, die ebenfalls zur Kreuzigung verurteilt wurden, sind nun an der Stelle angekommen, an dem die Kreuze errichtet werden sollen. Eine Gruppe von römischen Soldaten riegelt nun den Platz weiträumig ab. Ich schaffe es, bis zu ihnen durchzudringen. In einiger Entfernung sehe ich auch Maria wieder, die von Johannes und Maria Magdalena gestützt wird, bleibe aber an meinem Platz stehen.

Ich konzentriere mich auf das Geschehen vor mir: die Soldaten legen das Kreuz auf die Erde, reißen Jesus die Kleider vom Leib, sodass ihm nur noch das Lendentuch bleibt. Sein Körper ist übersät von Wunden und voller Blut. Was trägt er da auf dem Kopf? Eine Krone aus Dornen - wie grausam! Nun legen sie Jesus aufs Kreuz und ein Soldat kommt mit einem Hammer und langen Nägeln. Dann höre ich die rhythmischen Schläge und jeder Hammerschlag ist ein Stich ins Herz. Vor Verzweiflung schreie ich laut auf und möchte mir die Ohren zu halten. Aber nein, ich halte es aus, um seinetwillen, denn es ist das Einzige, was ich jetzt tun kann. Als die Soldaten die Kreuze aufrichten, höre ich die Stimme Jesu, der laut schreiend für seine Peiniger zu seinem himmlischen Vater betet. - Tränen verschleiern meinen Blick. Ich höre den Hohn und den Spott der Menschen um mich herum. Sie lästern und lachen über seine Hilflosigkeit: „Wo ist denn nun dein Gott? Warum schickt er nicht seine Engel um dich zu retten? Und so einer will unser König sein?"

Plötzlich verdunkelt sich die Sonne und eine unheimliche Finsternis bricht über das ganze Land herein. Nach drei Stunden höre ich noch einmal Jesus mit lauter Stimme rufen, und ich spüre seine Gottverlassenheit und Verzweiflung. - Es zerreißt mir das Herz, ihn so zu sehen und so laut ich kann, schreie ich: "Jesus, ich bin da!" Das Grölen der Leute übertönt mich jedoch. Kurz darauf ist ein markerschütternder Schrei zu hören, unerwartet bei einem Menschen der gerade erstickt. Es klingt fast wie ein Siegesschrei. Er hat sein Werk vollendet, sein Haupt neigt sich nach vorne und Jesus stirbt. Da hängt er nun: der Leib - bloßgestellt, preisgegeben dem Spott, der Brutalität, dem Schmerz, jeglicher Art menschlicher Abgründe; das Blut - vergossen, um die Macht des Bösen zu besiegen, um die Menschen von der Sünde zu befreien und dadurch die Entfremdung von Gott zu überwinden; das Leben - hingegeben, mit geöffneten Armen festgenagelt, ein für alle Mal. Ja - da hängt sie nun, die Mensch gewordene Liebe Gottes! Und dieses Bild legt sich wie ein Siegel auf mein Herz und ich bin bereit diese Liebe weiter zu tragen und in dir, Jesus Christus, werde ich die Kraft und Stärke dafür finden. Und wieder fällt mir der Prediger Kohelet ein, ein weiser Mann, dem die Erfahrungen menschlichen Glückes ebenso vertraut war wie die Abgründe menschlichen Leides. Nun ist die Zeit zum Weinen und zur Klage. Ich erwarte jedoch die Zeit für das Lachen und den Tanz, denn Jesus hat versprochen, dass er auferstehen wird. Daran glaube ich, darauf vertraue ich und so gehe ich voll Zuversicht meinen Weg nach Betanien zurück.

Eine Frau sehnt sich nach Geborgenheit

Es ist früh am Morgen, gerade ist die Sonne strahlend über den Hügeln aufgegangen. Ich stehe am Fenster und schaue hinaus. Dabei kämme ich mir gedankenverloren die Nacht aus den Haaren. Es ist meine kleine, tägliche Zeremonie, die ich liebe, seit ich zu meinem 12. Geburtstag von meiner Mutter diese wunderschöne Haarbürste geschenkt bekam.

Neben mir, auf der Matte, liegt ein Mann, mit dem ich diese Nacht verbracht habe. Er schläft noch. Ich betrachte ihn nachdenklich. In seinen Armen habe ich gelegen und miteinander haben wir Sehnsucht und Verlangen geteilt. Dabei kenne ich ihn kaum.

Gestern habe ich, wie immer, im Gasthaus gearbeitet. Es ist die Woche des Laubhüttenfestes und hier in Jerusalem ist dann immer viel los. Ein Mann, der oft bei uns zu Gast ist, belästigte mich und dieser Mann hier hat mich verteidigt. Die beiden Männer haben meinetwegen heftig miteinander gestritten. So etwas habe ich bisher nie erlebt.

Ich habe später noch lange mit ihm geredet. Ich fühle mich oft so allein und er gab mir in dieser Situation das Gefühl, etwas Besonderes zu sein. Wir haben auch einige Gläser Wein miteinander getrunken und seit langem konnte ich mal wieder lachen.

Es war ein schöner Abend, eine schöne Nacht, ohne Frage, aber - warum fühle ich mich jetzt so leer? Warum ist die Freude wieder vergangen und warum bin ich jetzt trauriger als zuvor? Vielleicht liegt es daran, dass er mir im Augenblick der größten Nähe erzählt hat, dass er verheiratet ist.

- Meine Bürste gleitet weiter durch mein Haar und bringt es zum Glänzen. Dieses Tun gibt mir wieder etwas Sicherheit. Früher hat meine Mutter mir die Haare gebürstet und ich fühle noch heute ihre Nähe dabei.

Sie starb vor einigen Jahren und seither ist für mich alles anders geworden. Eigentlich war meine Mutter nicht meine leibliche Mutter, sondern die

Schwester meines leiblichen Vaters. Meine eigentlichen Eltern habe ich kaum gesehen. Sie haben 10 Kinder, 4 Söhne und 6 Töchter. Ich war die Letzte, offensichtlich eine zu viel. Denn sie haben mich kurz nach meiner Geburt zu meinen neuen Eltern gegeben, die keine eigenen Kinder bekommen konnten. Für meine Mutter war ich das ganz große Glück. Ich hatte sie vor der Schande der Kinderlosigkeit bewahrt und sie liebte mich dafür. Mein Vater sah das anders. Wäre ich ein Junge gewesen, vielleicht hätte er mich dann auch lieben können.

Als meine Mutter dann starb, wollte er nicht länger für mich sorgen und gab mich dem Wirt des Gasthauses, der mich als billige Arbeitskraft zu sich nahm und mir ein Dach über dem Kopf gewährte. Damals war ich gerade 15 Jahre alt. An die Erfahrungen, die ich in den 5 Jahren, seit ich hier lebe, gemacht habe, will ich nicht denken. Das Verhalten des Wirts ist grausam, der Umgang mit den männlichen Gästen ist entwürdigend.

Früher erzählte mir meine Mutter oft vom Gott unserer Väter, an den sie mit starkem Herzen geglaubt hat. Ich glaube nicht an ihn, doch wenn es ihn geben sollte, dann ist er eben nur ein Gott für Männer und wir Frauen sind ihm egal. Solch einen Gott brauche ich nicht.

In diesem Augenblick höre ich ein Poltern in der Gaststube, dann auf der Treppe, nun vor meinem Zimmer. Davon erwacht auch der Mann an meiner Seite und blinzelt mich verständnislos an.

Und dann wird plötzlich die Tür meines Zimmers aufgerissen. Davor steht der Wirt, neben ihm der Mann, der mich am Abend belästigt hat.

Hinter ihnen erkenne ich einige Schriftgelehrte und Pharisäer, die auch gelegentlich in unserem Haus zu Gast sind, und einige von ihnen kenne ich besser, als mir lieb ist.

Der Wirt schreit mich an: „Du hast mein Haus entehrt, meinem Namen Schande bereitet. Hinaus mit dir!" Der Mann neben ihm grinst ganz unverschämt und ein Schriftgelehrter ruft: „Du bist eine Ehebrecherin, dafür

hast du den Tod durch Steinigung verdient."
Diese drei Männer packen mich und zerren mich hinaus. Der Gast, der mich offensichtlich beim Wirt angeschwärzt hat, reißt an meinen Haaren und beinahe wäre ich die Treppe hinunter gefallen.
Sie schleppen mich in den Tempel, ich habe keine Kraft mich zu wehren. Der Tempel ist voller Menschen. Die Männer ziehen mich hinter sich her. Mit stolpernden Schritten kann ich mich kaum auf den Beinen halten, bis wir zu einer Gruppe von Menschen kommen, die um einen Mann herum sitzen, der zu ihnen redet. Sie werfen mich in die Mitte und lassen endlich los. Alle Augen sind auf mich gerichtet, nur der Mann in der Mitte beachtet mich nicht. Der Schriftgelehrte, der mich hergebracht hat, ergreift das Wort: „Meister, wir haben diese Frau beim Ehebruch ertappt. Nach dem Gesetz des Mose muss sie gesteinigt werden. Was sagst du dazu?" Der Fremde schaut mich an und unsere Blicke treffen sich.
Was soll diese Frage? Wer ist dieser Mann, der da angesprochen wurde? Ich kenne ihn nicht. Aber das ist mir im Moment egal. Ich bin am Ende, erschöpft, ohne Hoffnung, ohne Ehre und ohne Heimat. Was soll's. Sollen sie mich doch steinigen, dann ist es endlich vorüber, dieses freudlose, erbärmliche Leben.
Den Fremden scheint es auch nicht zu interessieren, denn er bückt sich und schreibt etwas mit dem Finger in den Sand. Die Horde Menschen, die mit mir gekommen sind, grölen missmutig: „Na komm, sag schon, was du darüber denkst." - Sie lassen nicht locker, bis der Mann sich aufrichtet. Er hat einen Stein in der Hand. Dann spricht er: „Wer von euch ist ohne Sünde? Er soll diesen Stein nehmen und als Erster auf sie werfen!" Dabei schaut er einen nach dem anderen herausfordernd an. Nach einiger Zeit betretenen Schweigens fällt der Stein mit einem dumpfen Ton in den Sand. - Nun bückt sich der Mann wieder und schreibt erneut auf die Erde.
Die Menschen schauen einander verblüfft an. Viele von ihnen hatten Steine

mitgebracht, doch nach einigem Zögern lassen auch sie diese fallen. Einer nach dem anderen geht fort, bis ich fast alleine da stehe mit dem Fremden. Nur einige Männer, offenbar seine Freunde, sind noch da.

Der Mann wendet sich mir zu: „Frau, wo sind deine Kläger geblieben? Hat dich niemand von ihnen verurteilt?" Selber fassungslos und erstaunt antworte ich: „Niemand, Herr." Er blickt mich eine Weile freundlich an, dann sagt er: „Auch ich urteile nicht über dich. Geh und versuche dein Leben zu ändern!" Danach wendet er sich seinen Freunden zu.

Ich bleibe verwirrt stehen. Was ist hier geschehen? Was ist das für ein Mensch, dessen Worte über solche Macht verfügen? Einer der Freunde sieht meinen verwunderten Blick und lächelt verständnisvoll, als er sagt: „Mir ist es ähnlich ergangen, als ich ihm zuerst begegnet bin." - Ich verstehe nicht, wovon er spricht. - „Er ist Jesus von Nazareth. Wir glauben, dass er der Messias ist, der uns verheißen wurde durch die Propheten. Er ist gekommen, zu retten, was verloren ist, zu heilen, was verwundet ist, zu trösten, was untröstlich ist."

Und dann erzählt er mir von den Taten Jesu, die er miterleben durfte, von der Freundlichkeit und Güte, mit der Jesus den Menschen begegnet, von den Wundern, die ihn das Staunen lehrten und dass es für ihn keine tiefere Freude geben könnte, als den Weg Jesu mitzugehen.

Bei diesen Worten spüre ich wieder die Sehnsucht, die mich ein Leben lang begleitet hat: das Verlangen irgendwo anzukommen, wo ich Heimat und Geborgenheit finden kann und Menschen, denen ich vertrauen kann.

Ich, die Heimatlose, die Ehrlose, die Verlassene, die Geächtete, könnte ich gut genug sein für eine Gemeinschaft mit diesem Jesus, dürfte ich eine von diesen hier sein, die ihm folgen? - Eben noch sagte er zu mir: „Geh!" - Ich will nicht gehen!

Gerade in diesem Augenblick, so als hätte er meine Gedanken vernommen, blickt er sich um, nickt mir zu und lächelt dabei.

Ich spüre, wie dicke Tränen über meine Wangen laufen und flüstere die Worte: „Ich danke dir, du Gott meiner Väter!"

Eine Frau entdeckt die Liebe.

Die Morgensonne hat mich aufgeweckt, sie scheint mir direkt ins Gesicht. Ich blinzele in einen neuen Tag und muss mich zunächst einmal orientieren, wo ich bin. Es war eine lange Nacht mit viel Wein und einem Mann, der mich hierher gebracht hat. Den Wein brauche ich, damit ich das, was dann kommt, ertragen kann. Der Kopfschmerz und die Leere im Herzen am Morgen gehören dazu. So ist eben mein Beruf. Egal, von irgendetwas muss ich ja leben, seitdem mich mein Mann verstoßen hat. Zum Glück bin ich hübsch, so sagt man jedenfalls, und solange das so bleibt, leide ich keine Not. Außerdem kann ich mir so manchen Luxus erlauben, und es macht mich frei von Abhängigkeiten gegenüber anderen Menschen, zum Beispiel gegenüber meiner Familie. Sie verachten mich und ich habe keinen Kontakt mehr zu ihnen.

Ich muss hier raus, brauche frische Luft, deshalb winde ich mich aus den Decken, stehe auf und schlüpfe in meine Kleider. Auf dem Tisch liegt die Geldbörse des Mannes, gut gefüllt. Ich nehme mir das, was wir vereinbart haben und - ach - noch eine Münze mehr.

„Michal, willst du mich bestehlen?" Der Mann für eine Nacht ist wach geworden und hat mich beobachtet. „Ich nehme mir nur, was mir zusteht." Im Rausgehen ruft er mir noch nach: „Sehen wir uns wieder, heute Abend?" - „Das werde ich entscheiden, wenn ich es will." - „Ach komm schon. Es hat dir doch auch gefallen." - „Lass gut sein!" antworte ich knapp und schließe die Tür hinter mir.

Um mich abzulenken, gehe ich erst einmal auf den Markt. Ein neues Seidentuch, danach steht mir jetzt der Sinn. Ich schaue mich ausgiebig um.

Da entsteht plötzlich ein Tumult, eine grölende Horde aufgebrachter Männer schleifen eine Frau mit sich, die stolpernd versucht Schritt zu halten. Ihre Haare sind zerzaust, ihre Schminke verlaufen, sie ist in einem erbärmlichen

Zustand. Was mag wohl vorgefallen sein? Sie ziehen vorbei und ich folge ihnen neugierig. Der Weg führt in den Tempel, dorthin schleppen sie die Frau. Ich wage mich nur bis zur obersten Treppenstufe hinauf. Weiter darf ich nicht, denn ich bin ja eine Sünderin.

Oben angekommen sehe ich eine Gruppe von Frauen und Männern, die um einen Mann herum sitzen, dem sie aufmerksam zuhören. Ich kenne diesen Mann, es ist Jesus von Nazareth. Ich habe schon viel von ihm in der Stadt gehört. Er soll ein Prophet, ein Mann Gottes sein. Man erzählt von Heilungen und anderen Wundern, aber das glaube ich nicht. Einmal bin ich ihm auch schon mit seinen Begleitern begegnet.

Zu ihm bringen die Männer, denen ich gefolgt bin, die Frau und werfen sie Jesus förmlich vor die Füße. Sie schreien: „Meister, wir haben diese Frau beim Ehebruch ertappt. Nach dem Gesetz des Mose muss sie gesteinigt werden. Was sagst du dazu?" - Währenddessen schaut Jesus der Frau eine Weile aufmerksam ins Gesicht. Dann beugt er sich zu Boden und beginnt, mit einem Stöckchen in den Sand zu zeichnen. Die Männer werden ungeduldig und haken noch mal nach.

Da erhebt sich Jesus, mit einem Stein in der Hand. Er schaut sie der Reihe nach an und spricht dabei: „Wer von euch ist ohne Sünde? Er soll diesen Stein nehmen und als Erster auf sie werfen!" Niemand regt sich. Nach einer Weile fällt der Stein zu Boden und wieder bückt sich Jesus und zeichnet auf die Erde. - Die Frau liegt noch immer zitternd im Staub vor Jesus. Die Menschen schauen einander erschrocken an. Einer von ihnen will gerade seine Faust erheben, in der ich ebenfalls einen dicken Stein erkennen kann. Ein anderer hält den Arm fest und schaut ihn eindringlich an. Daraufhin lässt der Mann ihn fallen und geht beschämt fort. Die Übrigen folgen ihm, nach und nach zerstreut sich die Gruppe und die Männer verlassen den Tempel.

Jesus hilft der Frau aufzustehen und schaut ihr freundlich in die Augen, als er sie fragt: „Frau, wo sind deine Kläger geblieben? Hat dich niemand von ihnen verurteilt?" Mit fragendem Blick und von Tränen überströmtem Gesicht antwortet sie: „Niemand Herr!?" Jesus lächelt ihr aufmunternd zu, als er sagt: „Auch ich urteile nicht über dich. Geh und versuche dein Leben zu ändern!" Erleichtert und dankbar schaut sie Jesus nach, als der sich seinen Begleitern zuwendet. Nachdenklich sehe ich zu, wie Jesus auf mich zukommt und an mir vorbei den Tempel verlassen will. Er hat meinen Gesichtsausdruck bemerkt und hält kurz bei mir inne. Sein warmherziger Blick begegnet meinen fragenden Augen: „Willst du mir folgen?" - „Wohin?" - „Ist das wichtig?" - „Für mich schon, ich kann frei entscheiden, mit wem ich gehe." - „Du bist nicht frei, aber du könntest es sein."

Was mich viel mehr interessiert, ist die Frage: „Du hast sie behandelt, als wäre sie etwas wert." - „Das bist du auch!" Mit diesen Worten setzt Jesus seinen Weg fort. Dieser Satz berührt mich zutiefst und ist dennoch wie ein Stich ins Herz. Mir wird klar, ich bin eine Sünderin, vermutlich mehr noch als die Frau von eben.

Nun wage ich mich doch auf den Tempelplatz und hole mir den Stein, den Jesus kurz zuvor fortgeworfen hat. Ich nehme ihn mit und im Fortgehen betrachte ich ihn grübelnd. Was ist das für ein Mann, dieser Jesus. Vor allem, wie konnte er es schaffen, mich in der Tiefe meiner Seele anzurühren, wo ich doch mehr Männer kenne als die meisten Frauen in dieser Stadt. Wie kann er denken, dass ich etwas wert bin, er kennt mich doch gar nicht. Er weiß ja nicht, dass ich eine Hure bin, die die Männer auch noch bestiehlt, wenn sie nicht aufpassen. Ich bin doch der letzte Dreck, wie meine Familie mir mehrfach bestätigt hat. Ich soll etwas wert sein, nein - da muss er sich irren. Aber eben die Frau, die hat vielleicht auch so über sich gedacht und von ihr wusste Jesus ja, was sie getan hat. Mit ihr hat er Erbarmen gezeigt. Ob ich ebenso sein Erbarmen erlangen könnte? Ich spüre ein ungekanntes Verlangen in mir dem nachzugehen, IHM nachzugehen, der dieses Verlangen geweckt hat.

Einige Tage sind seither vergangen und ich erkenne, dass nichts mehr so ist, wie es war. Mein Leben steht Kopf: Ich bringe es nicht mehr fertig einem Mann zu folgen, weil ich immer dann den wertschätzenden Blick Jesu vor Augen habe und seine Worte klingen in mir nach. Es lässt mir keine Ruhe mehr und selbst die Zerstreuungen auf dem Markt bringen mich nicht davon ab. Gedankenverloren kaufe ich ein Alabastergefäß mit wohlriechendem Öl. Mit diesem Schatz im Arm bin ich auf dem Weg nach Hause, als ich plötzlich sehe, wie Jesus das Haus eines Pharisäers betritt, den ich kenne. Wie in Trance folge ich ihm und schaue zu, wie er sich zu Tisch legt. Er ist offensichtlich zum Essen eingeladen. Bisher hat mich niemand bemerkt, aber nun gehe ich von hinten auf ihn zu und in dem Augenblick, als ich hinter ihm stehe, bricht alles über mir zusammen, so kommt es mir vor. Ich kann sie nicht mehr zurückhalten, die seit vielen Jahren ungeweinten Tränen. Sie suchen ihren Weg und überschwemmen meine Augen. Erschrocken über mich selber, bemerke ich, dass meine Tränen auf Jesu Füße gefallen sind. Ich schäme mich dafür und versuche, mit meinen Haaren, die Füße wieder zu trocknen. Ich weiß nicht mehr, wie mir geschieht: Ich küsse seine Füße, nehme das Öl, gieße es darüber und massiere es ein.
Der Pharisäer mustert mich und mein Tun derweil mit einem verächtlichen Blick, der alles sagt: Wie kann ich es wagen, ich, die Sünderin. Und wie kann er es zulassen, er, der Meister, der Rabbi. - Jesus hat wohl auch die Gedanken seines Gastgebers erraten, denn er spricht zu ihm. Dabei schaut er mich lange an, mit einem Blick, der alles zu verstehen scheint: „Simon, ich sehe deinen Unmut über das Verhalten dieser Frau. Aber siehst du auch die Hingabe, mit der sie mir dienen möchte. Sie hat mir auf liebevolle Weise die Wohltat erwiesen, die dir als Hausherrn zugestanden hätte, nämlich mir als Willkommen die Füße zu waschen. Mehr noch: Nicht mit Wasser, sondern mit ihren Tränen hat sie meine Füße benetzt und ihr kostbares Öl für mich vergossen. Du hast mir auch keinen Begrüßungskuss gegeben, sie aber hat

mir die Füße geküsst.

Darum sage ich dir: Ihre vielen Sünden sind vergeben, weil sie mir ihre Liebe gezeigt hat." Verwundert schaue ich ihn an, dessen Blick immer noch auf mir ruht und die nächsten Worte aus seinem Mund gelten mir: „Die Sünden sind dir vergeben, denn deine Liebe ist größer als deine Sünden! Dein Vertrauen hat dir geholfen. Geh in Frieden!" Ich atme tief ein - und wieder aus und spüre dabei den Frieden, der von seinen Worten ausgeht. Mein Herz ist weit geöffnet für diese Botschaft. „Rabbi, darf ich dir nun folgen, wie du gesagt hast? - Ich will es." Mit einem Schmunzeln antwortet mir Jesus: „Ich erinnere mich an unsere Begegnung. Mein Angebot gilt."

Eine Witwe trauert um ihren Sohn.

Heute ist der schwärzeste Tag meines Daseins. Die Sonne meines Lebens ist untergegangen, denn mein einziges Kind, mein geliebter Sohn, ist tot. In dieser Nacht haben sich sogar der Mond und die Sterne verhüllt, gerade so, als könnten sie meinen unsagbaren Schmerz fühlen. In dieser Nacht habe ich die Totenwache gehalten, ganz allein, denn ich habe keine Angehörigen mehr. Mein Mann starb schon vor vielen Jahren und ich blieb zurück mit meinem Jungen. Er war mein Trost, mein Halt - mein Ein und Alles.

Ich habe keine Tränen mehr, denn die habe ich mit ihm vergossen, seit seiner schweren Erkrankung, für die kein Arzt mehr Heilung finden konnte. Ich saß an seinem Bett in den letzten Wochen seines Lebens und in dieser Nacht ist das Unfassbare geschehen. Er hat mich verlassen. Wie soll ich nun ohne ihn weiterleben?

Immer noch sitze ich an seinem Lager und schaue ihn unverwandt an, so als müsste ich mir seine Gesichtszüge einprägen. Dabei trage ich sein Bild doch in meinem Herzen.

Die Nachbarn sind gerade gekommen, um ihn für das Begräbnis vorzubereiten. Noch heute werden sie ihn hinaustragen, fort aus meinem Haus. Ich weiß, wenn ich jetzt aufstehe und das Notwendige zulasse, wird nichts mehr so sein, wie es war. Nie wieder wird er durch diese Tür kommen und mich mit dem alten Friedensgruß „Schalom" in die Arme nehmen.

Ich denke zurück an viele glückliche Augenblicke, die wir gemeinsam haben durften. Ich denke an seine Geburt, die Freude, als ich ihn zum ersten Mal im Arm halten konnte. Er war das Kind, das mir blieb, nachdem seine Geschwister vor ihm alle kurz nach der Geburt starben.

Er war der Stolz seines Vaters und das Licht meiner Augen. Als der Vater starb, hatten wir einander in unserer Trauer, doch nun? - Wie soll es weiter gehen?

Ich möchte laut schreien: „Du, Gott meiner Väter, wie konntest du das zulassen? - Warum???" - Doch kein Ton kommt über meine Lippen.

Die Nachbarn sind fertig mit den Vorbereitungen und wollen nun die Bahre forttragen. Ich habe keine Kraft mehr aufzubegehren und füge mich in das Unvermeidliche.

Langsam gehen wir durch die Stadt, doch ich nehme nichts wahr von dem, was auf den Straßen geschieht. Ein gnädiger Schleier von Tränen verhüllt meinen Blick.

Plötzlich schrecke ich auf, als ich spüre, wie eine Hand mich behutsam an der Schulter berührt. Ich schaue auf, geradewegs in ein Paar sanfte, liebevolle Augen hinein und ich höre die dazu gehörige Stimme, die voller Wärme zu mir spricht: „Weine nicht!" Ich bin irritiert von dem, was nun geschieht: Der Mann geht zur Bahre hin, fasst sie an und fordert die Träger auf stehen zu bleiben. Dann höre ich wieder diese Stimme, jedoch nun laut und vernehmlich: „Steh auf!" Ich habe das Gefühl, unter mir bebt die Erde oder sind es meine Knie, die ihren Dienst versagen? Und dann höre ich eine andere Stimme, nur ein Wort: „Mutter?" Ich fühle mich benommen, so als würde ich aufwachen aus einem tiefen Traum. Es kann nur ein Traum sein - die Stimme meines Sohnes. Und wieder sagt er leise: „Mutter!" - Der Fremde neben der Bahre hilft ihm tatsächlich aufzustehen. Er lebt, mein Sohn lebt! Wie kann das sein? Lachend und weinend fallen wir uns in die Arme. Verwirrt frage ich mich, was ist Traum, was ist Wirklichkeit? Bin ich aus einem langen, bösen Traum erwacht oder erlebe ich jetzt einen Traum, der mich grausam zum Narren hält, weil nicht sein kann, was ich gerade erlebe. Doch dann höre ich wieder die Stimme dieses Mannes, der mir sagt, dass Gott meine Qual gesehen und sich meiner erbarmt hat. Ich solle nach Hause gehen mit meinem Sohn.

Was ist das für ein Mann, dessen Worte Macht besitzen über das Leben? Erst jetzt sehe ich die Fassungslosigkeit und die Furcht der Menschen, die sich um uns versammelt haben. Sie alle preisen Gott und sagen: „Ein großer Prophet ist zu uns gekommen. Gott kümmert sich um sein Volk."

Ich verstehe nicht, wovon sie sprechen. Einer meiner Nachbarn erzählt mir dann: „Dieser Mann ist Jesus von Nazareth, der überall in den Städten große Wundertaten vollbringt. Wie ein Lauffeuer verbreitet sich die Botschaft im ganzen Land. Er ist der Messias, der uns verheißen wurde. Nachdem ich dieses Ereignis heute miterleben durfte, gibt es für mich keinen Zweifel daran."

Jesus von Nazareth? Er soll der verheißene Messias sein? - Von diesem Mann habe ich bisher noch nicht gehört. Aber - wen wundert das, wo ich doch die letzten Monate nur um meinen Sohn gebangt, für ihn gesorgt habe.

Aber jetzt? - Ich spüre, wie in mir alles weit wird: mein Blick, mein Herz, meine Wahrnehmung. Ich spüre, wie meine Traurigkeit, meine Angst und Sorge schwinden und Platz machen für eine nie zuvor gekannte tiefe Freude, eine überströmende Dankbarkeit und Zuversicht, die das Leben bejaht.

Und - Gott hat mir meinen Sohn zurückgegeben. Das erfüllt mein Herz mit SEINEM Frieden, das ist SEIN "Schalom" für mich. Welch eine Gnade!

Einer Frau wird ein neues Leben geschenkt.

Ich stehe am See Genezareth und schaue hinaus aufs Wasser. Wie lange war ich schon nicht mehr hier. Früher, als Kind und als junge Frau, habe ich es geliebt hier zu baden und mich von den seichten Wellen tragen zu lassen. Sehnsuchtsvoll betrachte ich die tanzenden Sonnenstrahlen auf dem Wasser. Um mich herum haben sich viele Menschen versammelt und es kommen noch immer mehr hinzu. Viele schauen wie ich auf den See hinaus. Wir alle warten auf die Ankunft des Bootes, das ihn bringen soll - ihn, den Rabbi aus Nazareth. Er heißt Jesus und hat bereits viele Jünger, die ihn begleiten. Überall, wo er auftaucht, kommen die Menschen zusammen, um von ihm geheilt und getröstet zu werden. Viele Wunder soll er schon gewirkt haben, so wird berichtet: Blinde sehen, Lahme gehen, Taube hören, Aussätzige werden rein und noch viele andere machtvolle Zeichen sind geschehen. Und das ist der Grund, weshalb ich mich auf den Weg gemacht habe, denn auch ich bin krank, seit mittlerweile zwölf Jahren.

Einst war ich ein fröhliches Kind, aufgewachsen in einer wohlhabenden Familie, und ein angesehener Mann machte mich zur glücklichen Braut. Mein Vater bezahlte einen beachtlichen Brautpreis für mich und das Schicksal schien einen Platz an der Sonne für mich ausersehen zu haben.

Das Blatt wendete sich, als mein erstes Kind, eine Tochter, zur Welt kam. Sie starb, nur wenige Stunden später, in meinen Armen. Mein Mann war enttäuscht, versuchte aber sich nichts anmerken zu lassen. Ich war untröstlich und weinte viele Nächte in meine Kissen, damit niemand mich sah oder hörte. Das zweite Kind, ein Sohn, kam zu früh zur Welt, weil ich Blutungen bekommen hatte. Sein Leben dauerte nur wenige Atemzüge lang. Bis in die Tiefe meines Herzens hinein war ich verwundet und dies zeigte sich auch äußerlich: meine Blutungen hörten seit jenem Tag nie mehr auf.

Die Enttäuschung meines Mannes steigerte sich zu einer stummen

Schuldzuweisung. Der Ausdruck seines Blickes sprach dafür eine deutliche Sprache. Er ging mir aus dem Weg und als sich, nach den Besuchen bei vielen angesehenen Ärzten, abzeichnete, dass mein Leiden zur unendlichen Geschichte werden würde, gab er mir den Scheidebrief. Meine Blutungen machten mich unrein und außerdem wollte er eine gesunde Frau, die ihm gesunde Kinder schenken konnte. Meinen Brautpreis erhielt ich zurück und er brachte mich wieder zu meiner Familie.

Da lebe ich nun, geduldet und im Innersten allein. Mehrere weitere Ärzte habe ich seither aufgesucht, doch niemand konnte mir helfen. Einige Male passierte es mir, dass meine Beschwerden offensichtlich wurden und ich schämte mich so sehr, dass ich mich zurückzog. Manche Leute wenden sich seither von mir ab und ich gehe ihnen ebenfalls aus dem Weg. Wenn niemand in meiner Nähe ist, kann mich auch keiner verletzen, aber meine Traurigkeit trage ich nun allein.

Neben meiner Einsamkeit ist das Leben als solches schon beschwerlich genug. Oft fällt es mir schwer, selbst die einfachsten Aufgaben des täglichen Lebens zu bewältigen. Ich fühle mich dann schwach und kraftlos, alle Freude, jeden Lebensmut habe ich seitdem verloren.

Meine allerletzte Hoffnung ist jetzt die Begegnung mit diesem Jesus. Von weitem sehe ich ein paar Schiffe, die sich dem Ufer nähern, und wünsche mir, dass er es ist, der da kommt. Mit einem Tuch habe ich mein Gesicht verhüllt, damit mich keiner erkennt, und verstohlen schaue ich mich um, wo ein guter Platz wäre für ein Zusammentreffen. Beim Näherkommen der Boote zeigt sich: Er ist es, den alle erwarten! Viele rufen seinen Namen: „Jesus!"

Ich habe offensichtlich eine gute Position gewählt, denn sein Boot kommt direkt auf mich zu. In unmittelbarer Nähe steigt er aus und gerade in dem Moment, als ich mich an ihn wenden will, drängelt sich ein Mann an mir vorbei, wirft sich Jesus zu Füßen und bittet ihn: „Herr, meine Tochter liegt im Sterben. Komm und leg ihr die Hände auf, damit sie wieder gesund wird und am Leben bleibt." Jesus willigt ein und folgt diesem Mann. Sie nehmen eine andere Richtung ein und es fällt mir schwer, bei dem Gedrängel, mich an seine Fersen zu heften. Glücklicherweise bleibt Jesus immer wieder einmal stehen, um sich Menschen zuzuwenden, sie zu berühren, zu trösten. So erreiche ich ihn schließlich, aber ich habe nicht den Mut ihn anzusprechen oder gar zu berühren. Aber das ist auch nicht so wichtig, denn ich glaube, wenn es mir nur gelingt, sein Gewand zu berühren, wird er mich heilen. Als ich es endlich schaffe, einen Zipfel seines Gewandes zu ergreifen, durchfährt mich eine unerwartete Kraft, die mich erzittern lässt, gefolgt von einer sanften Welle, die mein Herz berührt. Im selben Augenblick spüre ich, wie der Blutstrom versiegt. Da bleibt Jesus plötzlich stehen und fragt: „Wer hat mich berührt?" Er schaut sich in der Menschenmenge um, viele schütteln den Kopf. Er fügt hinzu: „Ich spürte, dass eine Kraft von mir ausging." Voller Angst, aber auch voller Verwunderung, noch immer zitternd, gebe ich mich zu erkennen und falle Jesus zu Füßen. Stammelnd bricht mein ganzes Elend aus mir heraus und ich erzähle Jesus von meinem Leid und meinem Kummer. Voll liebevoller Anteilnahme schaut er mich an. „Meister, als ich dein Gewand berührte, hörte die Blutung sofort auf, und ich spüre jetzt deutlich, dass ich von meinem Leiden geheilt bin." Erleichtert atme ich auf, ich bin so von Herzen dankbar, dass ich es nicht auszudrücken vermag. Der Blick Jesu macht mir deutlich, dass er mich versteht, auch ohne Worte. Er hilft mir, mich aufzurichten und bestätigt die Heilung mit den Worten: „Meine Tochter, dein starker Glaube hat dich von deiner Krankheit befreit. Schalom!" Dann wendet er sich wieder dem Mann zu, den er zu begleiten versprochen hatte.

Ich bleibe zurück, die Menschen drängen an mir vorbei, doch ich sehe und höre nichts, denn ich bin ganz bei mir und der Dankbarkeit, mit der ich mich an Gott wende. Ein tiefer Friede breitet sich in meinem Herzen aus und ich freue mich auf das neu geschenkte Leben, das mich aus der Isolation und Einsamkeit heraus führen kann.

Die Tochter eines Vaters erwacht zu neuem Leben.

Mein Name ist Jairus und ich habe mich gerade in die Synagoge zurückgezogen um zu beten. Wie gut, dass ich einen Augenblick für mich in Ruhe alleine sein kann. Die anderen machen gerade ihre Mittagspause. Ich bin einer der Synagogenvorsteher und fühle mich daher in mehr als einem Sinne hier zu Hause bei Gott. Mit ihm halte ich Zwiesprache, wenn mich etwas bedrückt, aber auch, wenn mein Herz voll Freude und Dankbarkeit ist. Das gibt mir immer wieder Halt und Kraft und die Zuversicht, dass Gott mein Leben, wie auch das meiner Familie, wunderbar begleitet.

Ein großer Kummer liegt mir derzeit auf der Seele: Meine Tochter, unser geliebtes, einziges Kind ist schwer erkrankt. Ich habe schon mehrere Ärzte kommen lassen, doch niemand konnte uns Hoffnung auf Heilung machen. Unser kleines Mädchen hat bisher mit ihrer Fröhlichkeit und Unbeschwertheit Sonne in unser Leben gebracht. Nun liegt sie da, von Schmerz und Fieber gezeichnet und wir können ihr nicht helfen.

Auch das Leid meiner Frau, das ich in ihren Augen lese, macht mich hilflos. Wie gerne möchte ich ihr den Schleier der Traurigkeit vom Gesicht nehmen, wie gerne ihr herzerfrischendes Lachen wieder hören. - Mit Tränen in den Augen sitze ich hier und spüre, wie aus meinem Inneren altvertraute Worte aufsteigen und in mein Bewusstsein treten: "Aus tiefem Herzen rufe ich zu dir, Herr, höre doch auf meine Stimme! Öffne mir dein Ohr, achte auf das laute Flehen meiner Seele!" - Meine Gedanken verlieren sich und eine tiefe, wortlose Stille umfängt mich. "Ich hoffe auf dich, Herr, meine Seele wartet voll Vertrauen auf dein Wort." Dieser Satz hat mir schon oft neue Hoffnung geschenkt, denn ich weiß aus Erfahrung: Gott antwortet mir - immer.

Ich sitze am Bett meiner Tochter, streiche ihr übers Haar und die fieberheißen Wangen. Mein Herz ist erfüllt von Zärtlichkeit und Liebe für dieses kleine Häufchen Elend. Während ich ihr gerade ein kühles Tuch auf die Stirn lege, kommt mein Freund zu mir herein. Er erzählt von dem Rabbi Jesus aus Nazareth, der zurzeit in aller Munde ist. Man berichtet von machtvollen Worten und Taten, und dass er vielerlei Wunder wirkt. Davon habe ich auch schon gehört. - Und eben dieser Jesus ist im Augenblick auf dem Weg in die Stadt und viele Menschen haben sich bereits versammelt, um ihm zu begegnen. Mit einem Male wird mir klar: Das ist die Botschaft, auf die ich gewartet habe, das ist der Fingerzeig Gottes, die Antwort auf mein Flehen.

Sofort mache ich mich auf den Weg zu Jesus, mein Gottvertrauen begleitet mich. Bald habe ich ihn gefunden, falle ihm zu Füßen und flehe ihn an: „Herr, meine Tochter liegt im Sterben. Komm und leg ihr die Hände auf, damit sie wieder gesund wird und am Leben bleibt." Jesus mustert mich eine Weile mit forschendem Blick, dann nickt er und willigt ein, mir in mein Haus zu folgen.

Nur mühsam kommen wir voran. So viele Menschen, auf der Suche nach Zuspruch und Heilung, umringen uns, drängen sich um Jesus und erdrücken ihn beinahe. Im Vorbeigehen wendet er sich immer wieder einigen von ihnen zu, reicht ihnen die Hände als Zeichen seines Trosts und der Ermutigung. Ich muss viel Geduld aufbringen, aber ich vertraue darauf, dass Jesus noch alles gutmachen wird. Seine entspannte Gelassenheit gibt mir Zuversicht.

Plötzlich bleibt Jesus stehen, wendet sich um und fragt: „Wer hat mich berührt?" - Was für eine Frage? Bei dem Gedränge können es viele gewesen sein. Offensichtlich meint Jesus etwas anderes, denn er schaut suchend umher. „Ich spürte, dass eine Kraft von mir ausging."

In unmittelbarer Nähe sehe ich eine Frau, die nun zitternd vor Jesu Füße fällt. Stammelnd erzählt sie uns ihre Geschichte von ihrer Krankheit, unter der sie schon seit zwölf Jahren leidet, die von vielen Ärzten behandelt, aber nie geheilt werden konnte. Ihr Zustand sei immer schlimmer geworden und ihr ganzes Vermögen habe sie dadurch eingebüßt. Ihre einzige Hoffnung lag nun in einer Begegnung mit Jesus. Sie wollte ihn aber nicht unrein machen und habe sich deshalb vorgenommen nur sein Gewand zu berühren, im festen

Glauben daran, dass ihr das helfen würde. Sie beendet ihre Geschichte mit den Worten: „Meister, als ich dein Gewand berührte, hörte die Blutung sofort auf, und ich spüre jetzt deutlich, dass ich von meinem Leiden geheilt bin." Mit einem tiefen Seufzer der Erleichterung und dankbarem Blick schaut sie Jesus an. Da ergreift Jesus ihre Hände und hilft ihr aufzustehen. Mit liebevollen Augen schaut er sie an, als er spricht: „Meine Tochter, dein starker Glaube hat dich von deiner Krankheit befreit. Schalom!"

Die Geschichte der Frau und das soeben miterlebte Ereignis bewegt mich und bestätigt mir das, was ich mittlerweile glaube: Jesus ist der Messias, der von Gott kommt und Macht hat über Leben und Gesundheit der Menschen.

Da kommt mein Freund auf uns zu. Schon von Weitem sehe ich seinen besorgten Blick, der nichts Gutes verheißt. Traurig schaut er mich an, als er die Worte spricht, die mir fast das Herz zerreißen: „Jairus, deine Tochter ist tot. Du brauchst den Meister nicht länger zu bemühen." Ich kann und will das nicht glauben, alles in mir sträubt sich dagegen. Und da höre ich die Worte Jesu, die mich wieder hoffen lassen: „Fürchte dich nicht; glaube nur an ihre Rettung, dann wird sie gesund!" - Ja, ich will glauben! Daran halte ich fest, wie ein Ertrinkender an der ausgestreckten Hand.

Als wir uns meinem Haus nähern, hören wir lautes Weinen und Klagen, doch Jesus versucht, die Freunde und Nachbarn, die gekommen sind um uns beizustehen, zu beruhigen: "Seid nicht traurig! Sie ist nicht tot, sie schläft nur." Ihre Reaktionen auf seine Worte sind ein bitteres Lachen, denn sie wissen, dass meine Tochter gestorben ist.

Jesus fordert drei seiner Jünger, Petrus, Jakobus und Johannes, auf mit uns ins Haus zu gehen, wo meine Frau am Bett unserer Tochter sitzt und still weint. Alle anderen müssen draußen bleiben.

Nach einem kurzen Blick auf meine Frau gerichtet, wendet sich Jesus meiner Tochter zu, die ganz bleich und still auf ihrem Bett liegt. Zärtlich ergreift er ihre Hand, schaut sie eine Weile eindringlich und liebevoll an, so als würde er innere Zwiesprache mit ihr halten. Dann ruft Jesus mit lauter und klarer Stimme: „Mädchen, steh auf!" Im nächsten Augenblick bemerke ich, wie ihre Augäpfel sich unter den geschlossenen Lidern bewegen. Da öffnet sie ihre Augen und blinzelt uns verständnislos an. Ich kann nicht fassen, was da geschieht und auch meine Frau blickt erschrocken und verwundert, als die Kleine sich erhebt und plötzlich vor uns steht, als sei nichts geschehen. Wir begreifen noch gar nicht, welches Wunder wir hier gerade erleben, und stehen wie gebannt, als Jesus uns in die Wirklichkeit zurückholt mit den Worten: „Gebt eurer Tochter etwas zu essen!" Das weckt auch unsere Lebensgeister und wir umarmen einander voller Freude und Dankbarkeit. Wir preisen Gott für die Gnade, weil Jesus den Tod besiegt und uns unser geliebtes Kind zurückgegeben hat. Zum Abschied schärft Jesus uns noch ein, niemand dürfe von diesem Ereignis erfahren.

Ratlos und verwirrt schauen wir ihm nach, als er unser Haus verlässt. Wie soll das möglich sein? Wie kann der Mund schweigen, wenn das Herz vor Freude überfließt?

Ein Mann findet in die Gemeinschaft zurück.

„Miriam!" - Mit einem lauten Schrei erwache ich mitten in der Nacht. Verschwitzt und mit klopfendem Herzen versuche ich mich mühsam aufzurichten. Durch die Öffnung der Höhle, in der ich liege, sehe ich das silberne Licht des vollen Mondes. Langsam gewöhnen sich meine Augen an die Umgebung. Gut, dass ich meine Mitbewohner nicht aufgeweckt habe. So kann ich versuchen, mich ein wenig zu fangen. Ich hatte einen Traum: ich saß bei meiner Frau Miriam vor unserem Haus und schaute ihr beim Brot backen zu. Es war so vertraut und friedlich, doch plötzlich kam jemand und riss mich mit Gewalt von ihr fort. Deshalb habe ich wohl im Traum ihren Namen gerufen. Ich bin immer noch ganz verstört und unendlich traurig, denn in Wirklichkeit habe ich sie seit langer Zeit nicht mehr bei mir gehabt. Ich musste sie allein zurücklassen.

Mein Name ist Jona. Ich wohne hier, in dieser erbärmlichen Behausung, die man eigentlich nicht so nennen kann, seit einigen Monaten. Wir sind zehn Männer, die das gleiche Schicksal teilen, Aussätzige, getrennt von unseren Familien, ausgeschlossen aus der dörflichen Gemeinschaft.

Einst hatte ich ein wundervolles Leben. Die Arbeit auf dem Feld war zwar häufig recht beschwerlich, aber ich hatte Freunde, mit denen ich am Abend unter der alten, Schatten spendenden Tamariske auf dem Dorfplatz sitzen konnte. Wir sangen die vertrauten Lieder, spielten auf unseren selbst geschnittenen Rohrflöten dazu und erzählten uns Geschichten. - Das Wundervollste aber war und ist meine Frau Miriam. Mit ihr verbindet mich eine ganz tiefe Liebe, schon seit unserer Kindheit. Ein Leben ohne sie habe ich mir nie vorstellen können.

Aber dann änderte sich alles, von einem auf den anderen Tag. Es begann damit, dass ich auf meinem Arm zwei kleine, rote Flecken entdeckte. Ich dachte, es müssten Mückenstiche sein und behandelte sie mit Essig. Am nächsten Tag waren sie aber größer und es kamen neue Flecken hinzu. Als dann auch die Hände befallen wurden, versuchte ich sie zu verbergen. Ich war beunruhigt und Miriam weinte, als sie erkannte, was mit mir geschah. Die Angst in ihren Augen war nicht zu übersehen und es stimmte mich traurig, dass ich ihr Kummer bereiten musste.

Als sich dann die Krankheit auch auf mein Gesicht ausweitete, blieb mir nichts weiter übrig, als nach Jerusalem zum Priester in den Tempel zu gehen. Ich musste mich untersuchen lassen und ahnte schon, was er sagen würde, ließ mir meine Beunruhigung Miriam gegenüber aber nicht anmerken. Sie wusste es auch so. Sie packte mir einen Beutel mit Lebensmitteln und streichelte mir zum Abschied über die mit dem Mantel bedeckten Schultern. Mich zu umarmen wagte sie nicht. So ging ich fort, mit schwerem Herzen und angstvollen Gedanken. Und es geschah, wie ich befürchtet hatte. Der Priester sprach das niederschmetternde Wort: „Unrein!"

Wie grausam sind doch die Gesetze des Tempels. Mit einem Wort können sie Menschen, die sich lieben, trennen, mit einem Wort eine Hoffnung zerstören, mit einem Wort das Lebensglück zunichtemachen: „Unrein!" Der Verstand mag die Notwendigkeit der Trennung von Gesunden und Kranken hundertmal begründen können, das Herz schreit dennoch auf in unsagbarem Schmerz. Meine schlimmsten Befürchtungen waren wahr geworden. Ich durfte nicht zurück zu meiner Frau.

Ich machte mich auf den Heimweg, besser gesagt zu dem Ort außerhalb meines Dorfes, von dem jeder weiß, dass hier die Aussätzigen wohnen, die Abstand halten müssen von den Gesunden. Als ich dort ankam, traf ich auf neun Männer, mit denen ich in Zukunft mein Schicksal teilen musste. Drei von ihnen waren, so wie ich, noch gut bei Kräften. Die anderen lagen hilflos und entstellt auf ihrem Lager und ein Blick in ihre leeren Augen verriet, dass sie bereits alle Hoffnung verloren hatten. Einer von den Dreien, er hieß Ruben, kümmerte sich aufopfernd und fürsorglich um sie. Ich fand sein Verhalten durchaus bemerkenswert, jedoch war ich so gefangen in meinem eigenen Kummer, dass ich mich zurückzog. Ich war alleine mit meiner Liebe, mit meiner Sehnsucht. Das Lachen, das mich mein Leben lang begleitet und mir geholfen hatte so manche Widrigkeiten des Lebens zu überspielen, war gestorben. Der Schmerz der Trennung von meiner Frau schnürte mir die Kehle zu. Ich fühlte mich innerlich zerrissen, denn ein Teil von mir war weit weg, weiter entfernt als die tatsächliche räumliche Distanz. Das wurde mir besonders dann bewusst, wenn Miriam kam, um mir Essen zu bringen. Es gab einen Platz in einiger Entfernung unserer Behausung, an dem Angehörige für uns notwendige Dinge ablegen konnten. Miriam kam fast täglich, wir konnten uns sehen, aber wir durften uns nicht näher kommen. Sie blieb immer einige Zeit dort stehen und wir versuchten uns mit Zeichen zu verständigen. Einmal hatte sie mir meine Flöte mitgebracht und seither spielte ich für sie manchmal ihr Lieblingslied. Der Wind trug die sanften Töne zu ihr hinüber und die Zeit blieb für uns einen Augenblick stehen. Mit einer Kusshand nahmen wir Abschied voneinander und ich schaute ihr nach, bis sie am Horizont verschwand, so wie ein Stern, der am Morgen verblasst. Deshalb nannte ich sie seither mein Sternchen.

Einmal, als die Verzweiflung mich zu überwältigen drohte, kam Ruben zu mir um mir Mut zu machen. „Deine Niedergeschlagenheit nützt dir nicht, im Gegenteil, sie lähmt dich. Hab Vertrauen in die Macht Gottes, nur so kann er dich heilen." Dann sprachen wir über die Beweggründe seines Handelns gegenüber den Schwächeren unter uns. „Ich folge dem Gebot der Nächstenliebe, wie Gott es uns aufgetragen hat." - Nie zuvor war mir ein Mensch begegnet, der einen solchen Glauben und so viel Gottvertrauen besaß wie Ruben. Er wurde für uns alle zum Halt, der immer die richtigen Worte fand, um die Verzagten aufzurichten.

Erstaunlicherweise verbesserte sich sein eigener Krankheitsverlauf und seine Flecken wurden blasser. Voller Hoffnung machte sich Ruben auf den Weg

nach Jerusalem, aber nach ein paar Tagen kam er zurück und wir sahen schon von Weitem, der Priester hatte zu ihm „unrein" gesagt. Jedoch erzählte er uns, er habe in der Stadt von einem Mann gehört, der Kranke heilen könne. „Sein Name ist Jesus, ein Rabbi. Man sagte, in den nächsten Tagen wird er mit seinen Jüngern hier vorbeikommen. Vielleicht kann er uns helfen."
- Seitdem hielten wir jeden Tag Ausschau.
Eben ist die Sonne aufgegangen und durchbricht die Wolken, die in den vergangenen Tagen viel Regen gebracht hatten. Nun hüllt sie alles in ein wärmendes Licht und verheißt einen schönen Tag. Ich trete hinaus ins Helle und die Schatten der Nacht verblassen. Ein wenig später fällt mir in der Ferne eine Gruppe von Menschen auf, die sich auf dem Weg befinden, der an unserer Behausung vorbeiführt. Ich rufe Ruben und zeige ihm, was ich gesehen habe. Ob das dieser Jesus ist, auf den wir warten? Welcher von ihnen mag es wohl sein? Wir holen die anderen dazu und warten ab, was geschieht. Als die Menschen näher kommen, ist es Ruben, der als Erster ruft: „Rabbi Jesus, hab Erbarmen mit uns!" Wir fassen Mut und rufen nun gemeinsam: „Rabbi Jesus, hab Erbarmen mit uns!" Die Menschenschar bleibt stehen, einer von ihnen löst sich aus der Gruppe und kommt direkt auf uns zu. Das muss er sein, dieser Jesus. Pflichtgemäß rufen wir „unrein, unrein!" Doch unbeirrt kommt er immer näher. Er hat keine Angst vor unseren Krankheiten. Dann steht er vor uns, schaut uns der Reihe nach aufmerksam an und befiehlt: „Geht zum Priester!"
Auf dieses Wort vertrauend machen wir uns unverzüglich auf den Weg. Zunächst müssen wir die Schwächsten noch stützen. Ihr Zustand verbessert sich aber schon bald. Ohne Rast marschieren wir nach Jerusalem und bei jedem Schritt wird uns leichter ums Herz. Die Hautflecken verschwinden langsam aber sicher. Als wir endlich den Tempel erreichen, untersucht uns ein Priester, einen nach dem anderen. Und jeder von uns hört den erlösenden Satz: „Du bist rein. Du darfst heimkehren." Ausgelassen wie

Kinder geben wir unserer Freude Ausdruck und stürzen uns ins Reinigungsbad. Dann lassen wir uns die Kopf- und Barthaare scheren und waschen unsere Kleider. Endlich sind wir bereit für ein neues Leben. Ich kann es kaum fassen, was mit uns geschehen ist.

Ruben fordert uns auf. „Wir sollten jetzt gleich zu Jesus zurückkehren, um ihm zu danken." - „Ja, du hast recht, das sollten wir. Für mich gibt es jedoch im Augenblick nur ein Ziel: Ich muss zuerst mein Sternchen wiedersehen. Nur mit ihr fühle ich mich ganz heil und so kann auch nur mit ihr mein Dank vollkommen sein. Ich werde meine Frau zu Jesus bringen und ihr den Mann zeigen, der mich von den Fesseln der Verzweiflung, der Einsamkeit und der Schmerzen befreit hat. Hab Dank, Ruben für deine Freundschaft. Wir werden uns bald wiedersehen. - Schalom, meine Freunde."

Während die Anderen, noch unschlüssig, ob sie Ruben begleiten wollen, zurückbleiben, gehe ich mit festen Schritten meinem Ziel entgegen. Jetzt, wo alle Schmerzen weg sind, fällt es mir immer leichter meinen Weg zu gehen. Auch mein Herz hat alles Schwere der vergangenen Zeit verloren und es scheint mir, als ob ihm Flügel wachsen würden. Angefüllt mit Dankbarkeit und Freude fliegt es meinen Schritten voraus. Für meinen Jubel gibt es jedoch nur ein Wort und ich flüstere es immer und immer wieder, wie ein Gebet, einen Lobpreis: Miriam! - Miriam! - Miriam!

Printed by Books on Demand GmbH, Norderstedt / Germany